JN411813

나 답 게

자유로워
지기까지

나답게 자유로워지기까지

2021년 08월 10일 초판 01쇄 발행
2021년 08월 25일 초판 02쇄 발행

글 케이엠

발행인 이규상 편집인 임현숙 책임편집 황유라
편집1팀 이소영 이은영 황유라 교정교열 신진
디자인팀 이성희 손지원 마케팅팀 이인규 윤지원 이지수 김별 김능연
영업지원 이순복 경영지원 김하나

펴낸곳 (주)백도씨
출판등록 제2012-000170호(2007년 6월 22일)
주소 03044 서울시 종로구 효자로7길 23, 3층(통의동 7-33)
전화 02 3443 0311(편집) 02 3012 0117(마케팅) 팩스 02 3012 3010
이메일 book@100doci.com(편집·원고 투고) valva@100doci.com(유통·사업 제휴)
블로그 blog.naver.com/h_bird 인스타그램 @100doci

ISBN 978-89-6833-329-3 03810

스스로 만족하는 자유로운
삶을 향한 작은 용기

나답게 자유로워지기까지

케이엠 지음

허밍버드
Hummingbird

prologue

나는 억대 연봉의 대형 로펌을 제 발로 뛰쳐나왔다

1년 6개월 전, 3년간 잘 다니던 회사에 사표를 던졌다. 평일에 출근을 하지 않아 좀 헛헛한 마음이 들었다. 여전히 긴 휴가를 받은 것처럼 퇴사가, 내가 백수가 됐다는 사실이 좀처럼 실감이 나지 않기도 했다. 화장실 변기에 앉아 여느 때처럼 휴대폰을 보며 아직 연동이 끊어지지 않은 회사 메일을 나도 모르게 확인하는 모습을 보면 더더욱 그랬다.

그래도 좋든 싫든 회사와 이별해야 했다. 퇴사하기 며칠 전까지만 해도 나는 우리나라에서 내로라하는 대형 로펌에 다니는 전도유망한 변호사였다. 아니, 그런 알량한 자존심을 훈장처럼 달고 살았는데 이제는 아니었다. 작금의 현실은 100만

청년 실업자의 대열에 합류했다는 것, 그것도 자발적으로. 그게 다였다.

로펌에 퇴사 의사를 밝힌 후 송별회를 하고 인사차 방을 돌 때 선배, 동료들의 반응은 다양했다. 당장 버거운 일에서부터 해방되니 부럽다는 반응부터, 용기와 패기가 멋있고 대단하다는 반응, 좀 더 젊었다면 나도 그럴 수 있었을 텐데 하는 회한 어린 반응까지. 그렇지만 대다수는 이 좋은 직장을 아무 대안도 없이 그만둔다는 게 도무지 이해되지 않는다는 반응이었다. 퇴사 의사를 공식적으로 밝히기 위해 부문장님께 찾아가자 의아한 표정으로 내 말을 곰곰이 들으시더니 지금까지 고생해 온 시간이 아깝지 않냐고 반문하셨다. 그 말에 지난 3년의 시간이 머릿속에서 파노라마처럼 지나갔다.

주위 사람들의 반응은 퇴사를 고민한 몇 개월 동안 내 마음속에서 이미 수차례 검토되고 엎어지고 재검토됐던 것이다. 많은 생각 가운데서도 한 가지 확실한 것은 퇴사 결정이 이렇게 봐도 저렇게 봐도 가히 미치지 않고서야 하기 힘든, 전례가 없는 선택이었다는 점이다. 호들갑 떠는 것처럼 느껴질 수도 있겠지만, 퇴사 전 상태와 퇴사 후 상태를 객관적으로 비교해 보면 이 말이 무슨 의미인지 조금은 와닿을 것 같다.

퇴사 전 상태

–4년 차 대형 로펌 변호사

–연봉 세후 약 1억 원

–강남 한복판의 시티 뷰 사무실

–주말 포함 삼시 세끼 식비 지원, 휴대폰비 지원 등의 복지 제도

–2~3년 후 유학 보장(학비 및 생활비 지원)

퇴사 후 상태

–청년 백수

–소득 0원

–식비, 생활비, 휴대폰비 모두 모아 둔 돈에서 까먹는 상태

이직을 위한 것도 아니고, 직장 내 괴롭히는 사람이 있어서도 아니고, 단순히 잠시 쉬기 위한 것도 아니었다. 그렇다 보니 한 사람 한 사람 만날 때마다—그 사람들로부터 허락을 받거나 그들을 설득시킬 의무가 있는 것은 아니지만—이런 선택을 한 내가 미친 사람으로 보이지 않기 위해 이런저런 이유로 둘

러대고 나 자신을 변호해야 했다. 그러나 그 어떤 것도 진정한 이유는 아니었다.

사람들은 흔히 인생을 긴 레이스에 비유한다. 그 레이스에는 몇 가지 허들이 존재하며, 각 관문마다 최고의 것을 얻어 내야 한다. 그러면 나는 일류가 되고 내 인생도 일류 인생이 된다. 나는 주입식 교육을 통해 이런 생각을 주입받았고, 그 생각이 원래의 내 생각인 것처럼 마음속에 내재화됐다. 나는 일류가 되기 위해, 각 관문마다 최고의 것을 취하기 위해 기를 쓰고 앞만 보며 경주마처럼 달렸다.

중고등학생 시절 열심히 공부해서 서울대학교에 진학했고, 우수한 성적으로 졸업해서 자교 로스쿨에 갔으며, 서른 살의 어린 나이에 변호사가 돼 대형 로펌에 입사하는 등 그야말로 (재수 없게 들릴 수는 있지만) 소위 엘리트 코스를 밟아 왔다. 위에서 말한 것처럼 인생이 레이스라면 내 인생은 아마 맨 앞쪽에서 뛰고 있는 선두 그룹이었으리라. 그렇다면 다음 관문은 당연히 대형 로펌에서 좋은 평판을 쌓아 파트너 변호사로 승진하고 연봉을 계속해서 높이는 것이겠지. 하지만 모범생처럼, 경주마처럼 잘 따라가던 나는 어느 순간 마음이 공허해졌다. 내 골인 지점이 어디인지, 무엇을 위해 뛰고 있는 것인지 스스로 헷갈리기 시작했다.

속도를 늦추고 경주마의 시야에서 벗어나니 달리고 있는 레인 말고도 다른 길이 보였다. 그동안은 일류가 되기 위해 열심히 살아왔지만, 이제는 거꾸로 살아 보고 싶었다. 문자 그대로 '일류'의 삶이 아니라 '유일'한 삶으로. 남들이 잘 닦아 놓은 길을 따라가는 것이 아니라 내 방식대로 나만의 길을 개척해 나가는 삶을 살고 싶었다. 그 시작으로 나는 연봉 1억의 대형 로펌을 제 발로 뛰쳐나왔다.

이 책은 당시 주위 사람들에게 차마 전하지 못한 솔직한 퇴사 이유, 그 이후 180도 달라진 삶에 대한 책이다. 그리고 나라는 사람이 사는 법에 대해, 실록을 썼던 사관과 같은 마음으로 차근차근 써 내려간 기록이다. 열심히 바쁘게 살고 있지만 왠지 모르게 마음이 헛헛한 사람들, 삶의 방향에 대해 계속 고민과 의문이 드는 사람들, 길고 긴 레이스를 시작하기 위해 이제 막 준비 운동을 하는 사람들을 위한 글이기도 하다.

내 선택이 좋은 방향일지 나쁜 방향일지 지금으로서는 알 수 없지만, 먼저 어떤 선택을 해서 자신만의 길을 가는 사람의 후일담 정도로 참고해 주면 좋겠다. 직접 모험을 감행하기 여의치 않은 사람은 내 이야기를 자기 상황에 대입해 대략의 시뮬레이션을 머릿속에 그릴 수도 있겠고, 아니면 내 이야기를 듣고 '별거 없구나' 하며 다른 길에 대한 미련을 버리고 지금 가고 있는 길을 잘 갈 수도 있을 것이다. 어느 방향으로든 부디 독자들로 하여금 자신의 일을 개척하고, 나아가 자신의 삶을 좀 더 주체적으로 살아가는 데 작은 도움이 됐으면 한다.

그럼 이 이야기의 시작은 평범한 듯 특별했던 내 유년 시절로 돌아가야 할 것 같다.

2021년 8월

케이엠

contents

3장 나만의 유일한 삶을 찾아서

1장

삶에 정답이 있는 줄 알았다

정답만 잘 고르면 잘 살 수 있을 거야

유독 정답을 잘 찾던 아이

나는 인천의 한 동네에서 태어나 평범하게 자라 왔다. 특별한 재능이나 뛰어난 재주가 없어서 그다지 눈에 띄는 아이는 아니었다. 오히려 뭘 해도 어설프다는 말을 들을 만큼 조금은 어리숙했다. 초등학생 때는 친구네 아파트 12층 복도에서 장난을 치다가 계단 유리창을 깨뜨려 유리 파편이 창밖으로 튀는 대형사고를 쳐서 동네 사람들 사이에서 문제아로 알려지기도 했다.

그런 나에게도 특별한 점이 있다면, 바로 다른 아이들보다 독서를 좋아한다는 것이었다. 당시 유행하던 해리포터 시리즈

부터 삼국지, 추리소설 등을 거쳐 어른들도 어려워하는 두꺼운 철학서, 심리학 책까지 관심을 넓혔다. 이런 모습에서 가능성을 발견했는지 부모님께서는 적극적으로 책을 사 주셨고, 도서관에서 책을 여러 권씩 빌려다 주시기도 했다. 책을 읽으며 그 속에서 새로운 지식을 익히는 것을 좋아한 덕분일까. 중학생 때까지 별다른 사교육을 받지 않았는데도 공부를 웬만큼 잘했다.

하지만 다른 친구들이 주로 선행학습을 하는 수학과 영어에는 취약했다. 그동안은 집안 형편이 어려워 사교육을 받지 못했지만, 이대로는 안 되겠다 싶어 고등학교에 올라갈 때 처음으로 보습학원에 다녔다. 실력을 평가하는 첫 테스트에서 수학과 영어 성적이 저조해 중간 반에 들어가게 됐다. 나름 공부를 곧잘 해 늘 상위권이었기에 꽤나 자존심이 상했다. 그래서 이를 악물고 공부했다. 그 결과 성적이 급속도로 향상돼서 한 단계 한 단계 월반하더니, 결국에는 단기간에 최상급 반에 들어갔다. 영어 단어 암기 대회에서 단 두 개만 틀려서 선생님과 친구들을 놀라게 한 적도 있었다(출제 범위는 무려 영어 단어 2천 개였다).

그 후로는 따로 학원을 다니거나 과외를 받지 않고도 혼자서도 공부를 잘할 수 있게 됐다. 고등학생 때는 전교 1등을 놓친 적이 거의 없었다. 교과서가 닳도록 읽고 또 읽고, 놓치기 쉬운 작은 부분까지 꼼꼼하게 외우고 익히는 건 어렵지 않았다. 답이 정해져 있는 시험 문제에서 정답을 찾는 건 나에게는 쉬운 일이었다.

인생도 시험과 별반 다르지 않아

나는 내 자신에 대해 항상 만족하지 못했다. 신체 능력이 뛰어난 것도 아니었고, 친구들로부터 인기가 많은 편도 아니었다. 나에게 남들보다 뛰어난 재능이 있는 것 같지 않았다. 이런 열등감은 오히려 공부에 더 열중하게 하는 원동력으로 작용했다. 시험지에서 정답을 찾는 능력, 그것은 내가 가진 유일하고도 효과적인 무기였다. 공부를 잘한다는 이유로 주변 친구들도, 선생님도, 부모님도 나를 추켜세우고 인정했다. 하지만 나는 거기서 만족하지 않고 항상 더 크고 높은 것을 바랐다. 현재 상황에서 벗어나 더 넓은 세계로 나아가는 내 모습을 상상했다.

그러다 문득 생각했다. 인생도 시험과 다를 바 없지 않을까?

시험 문제를 푸는 것처럼 여러 선택지 중에서 정답만 잘 찾으면 인생도 한 단계 한 단계씩 올라갈 수 있을 것 같았다. 그러려면 지금보다 더욱 공부를 열심히 해서 대학 입시, 취업 등 인생의 관문마다 가장 최선의 답을 고르면 되는 것 아닐까. 그래서 나는 서울대학교 진학을 목표로 첫 관문을 통과하기 위해 입시 준비에 몰두했다.

하지만 다짐이 무색하게도 수시와 정시 모두 마지막 면접에서 최종 탈락했다. 다른 목표는 없이 오직 서울대만을 정답이라 생각하고 달려왔기에 크게 낙담했다. 이대로 포기할 수는 없어 재수를 해야 하나 생각하던 차에 추가 합격 발표일이 다가왔다. 서울대 합격을 취소하는 사람은 극소수일 것이라 생각해 기대도 하지 않았지만, 혹시나 하는 마음에 확인해 보니 추가 합격자에 내 이름이 있었다. 믿기지 않아 얼떨떨하면서도 너무 기뻤다. 옆에 있던 아버지를 부둥켜 안고 방방 뛰며 환호성을 질렀다.

그런데 막상 대학교에 입학하고 보니 외고, 과학고 등 특목고 출신의 뛰어난 친구들이 많아 위축됐다. 첫 학기를 마치고 친구들과 학점에 대해 얘기를 나누다가 내 학점이 뒤에서 두 번째라는 사실을 알게 됐을 때는 자존심이 많이 상하기도 했다. 그 후 다음 학기부터는 이를 악물고 심기일전해서 또 공부에 매진했다. 그 결과 성적이 점점 상승하더니 2학년 1학기에는 올 A+를 받으며 학과 내에서 학점 에이스로 불리기 시작했다.

돌이켜 보면, 그때 당시 내 마음속에 건강한 자부심을 넘어 서울대생이라는 알량한 엘리트 의식이 생겨났던 것 같다. 주위 사람들에게도 알게 모르게 그런 태도를 보였던 걸까. 방학이 되자 어머니께서 당신이 일하는 마트에서 아르바이트를 해 볼 것을 권유하셨다. 아마 내가 자만심에 빠져 시간을 허투루 보내며 놀고먹진 않을까 걱정하셨던 거겠지. 그런 어머니의 마음도 모르고 마트에서 박스를 정리하고 상품을 진열하면서 '내가 지금 여기서 뭐하는 거지'라는 생각에 점차 불만이 쌓였다. 그러던 와중에 사소한 문제로 매니저와 트러블이 생겼고, 결국 그간의 불만을 참지 못하고 그 자리에서 아르바이트를 그만뒀다.

내 충동적인 행동에 부모님께서는 크게 혼을 내셨다. 다른 곳도 아니고 어머니의 일터인데 그런 어리석은 태도를 보이다니. 지금 생각해도 철없고 못난 행동이었다. 하지만 그때에도 나는 내가 무엇을 잘못했는지, 무엇이 문제인지 크게 깨닫지 못했다.

심리학 전공생에서 어쩌다 대형 로펌 변호사로

얼떨결에 로스쿨?

나는 원래 심리학 전공생이었다. 시험 기간도 아닌데 굳이 두꺼운 심리학 원서에 파묻혀 몇 주간 밤을 지새우기를 자처했을 만큼 심리학을 좋아했다. 불가사의한 인간의 마음을 물질에 불과한 뇌의 작용으로 환원해 설명할 수 있다는 것에 열광했다. 사람들을 만날 때마다 내가 배운 뉴런, 시냅스, 액션포텐셜 등의 개념을 떠들어 댔다. 얼마나 귀찮게 굴었으면 제대 후 만난 군대 후임이 내가 지겹도록 말했던 신경과학자의 이름을 외우고 있을 정도였다. 이렇듯 나는 그저 전공을 사랑하는 순수한 심리학도였다.

그러니 당연히 꿈은 계속해서 심리학을 공부하는 것일 수밖에. 대학 동기들과 진로에 대해 얘기할 때 누구는 사법 시험을 준비한다, 누구는 행정 고시를 준비한다, 누구는 사업을 계획한다, 누구는 대기업 취업을 준비한다 등의 다양한 이야기가 오갔지만 나에게는 상관없는 다른 나라 얘기처럼 들렸다. 마치 한 마리의 고매한 학처럼 '나는 너희들과 달리 순수한 학문의 길을 갈 거야' 하는 마음이었다. 그때까지 현실적인 생각이 전혀 없었다.

그러나 군대를 갔다 와 복학하고 막상 졸업 학년이 되니 생각이 달라졌다. 아니, 달라져야 했다. 좋아하는 학문을 계속하려면 대학원에 가고 유학도 가야 하는데 긴 유학 생활을 버틸 만큼 집안 형편이 넉넉하지 않았다. 내가 원하는 외국 대학원에서 장학금을 받을 수 있을지도 불확실했다. 무엇보다 가난하고 고된 긴 시간을 견딜 만한 배짱도 없었다. 하나밖에 없는 아들을 수년간 타지에 보낼 생각을 하니 안 되겠다며 부모님께서도 말리셨다.

결국 현실에 굴복해 원하는 것을 포기하고 돈 되는 다른 길을 찾아볼 수밖에 없었다. 그렇다면 이제 나는 무엇을 해야 할까. 명문대 출신이라는 알량한 자존심 때문에 일반 회사에는 들어가고 싶지 않았고, 그나마 내가 가진 '시험 잘 보는 능력'으로 사회적 영달을 꾀할 수 있는 적당한 길이 무엇인지 생각했다. 당시 사법 시험 폐지가 예고되고 로스쿨 제도가 새롭게 도입된 지 얼마 되지 않았을 때라 막연히 로스쿨에 가서 변호사 시험만 붙으면 변호사로 출세할 수 있겠다는 생각이 들었다(로스쿨 도입 초반에는 지금보다 경쟁률도, 합격 컷도 낮았다).

일단 목표를 세우면 오직 목표 하나만을 바라보며 열심히 달리는 나는 대학 수업과 별도로 로스쿨 준비에 몰두했다. 로스쿨을 가기 위해서는 학점, 리트(LEET, 법학적성시험) 점수, 영어 시험 점수 등의 정량 요소와 자기소개서(이하 자소서), 면접 등의 정성 요소가 필요했다. 리트의 경우 공부를 아무리 많이 해도 잘 늘지 않고 점수는 계속 똑같이 나온다고 해 리트 능력은 신이 내린다는 '리트신수설'이 있기도 하다. 그런 리트에서 고득점을 받기 위해 그와 유사한 미트(MEET, 의학교육입문검사), 디트(DEET, 치의학교육입문검사), 피트(PEET, 약학대학입문자격시험), 피셋(PSAT, 공직적격성평가) 등 안 풀어 본 문제가 없었다.

자소서를 처음 썼을 때 내 두서없는 글을 본 한 스터디원은

혀를 찼지만, 이후 수정을 거듭해 결국엔 로스쿨 교수님들 사이에서 회자되는 자소서가 됐다. 이 외에도 면접을 위해 스터디를 세 개나 하면서 연습에 매진했다. 면접 전날 잠을 한숨도 못 잤지만 다행히 별 탈 없이 무사히 마쳤다. 그간의 치열한 노력을 하늘이 알아주기라도 하듯, 마침내 학부를 졸업하자마자 바로 운 좋게 원하던 자교 로스쿨에 진학했다.

다른 건 모르겠고 돈을 많이 벌고 싶어

그렇게 진로가 한순간에 결정됐다. 준비 기간이 짧았는데도 불구하고 원하는 로스쿨에 덜컥 합격해서 기쁜 것도 잠시, 입학하자마자 방황이 시작됐다.

해 오던 학문과는 전혀 다른 법 공부와 학내 분위기에 적응하지 못한 채 어디로 가는지도 모르면서 앞으로 달려갈 수밖에 없었다. 주위 친구들이 모두 열심히 뛰고 있었기에 잠시라도 서 있을 수 없었다. 나만 뒤처질 것 같았다. 공부만큼은 날고 긴다는 친구들 사이의 피 튀기는 경쟁 속에서 나는 마음을 다잡지 못했다. 하지만 경쟁은 고민의 시간조차 사치로 만들었다.

그렇게 달리다 보니 한 학기 만에 몸과 마음이 고장 났다. 그런 상태에서 억지로 공부를 했으니 학점 또한 좋을 리 없었다. 난생처음 경험해 보는 하위권이었다. 그간 해맑음을 자랑하며 긍정적이고 밝게 살아왔는데 급기야 우울증 증세까지 보이기 시작했다. 처음 보는 사람들 앞에서도 적극적이었던 나는 입학 후 조장을 맡았지만(로스쿨에서는 보통 15명 내외로 조가 꾸려진다), 학교생활에 적응하지 못해 나중에는 친구들과도 잘 어울리지 못했다. 처음으로 심리 상담을 받기도 하고 심지어는 자살 예방 센터에 전화를 걸어 내 상황을 하소연하기도 했다. 원하던 곳에 입학했고 열심히만 하면 미래가 보장되는 길에 들어선 이때, 누구보다 행복해할 시점에 나는 아이러니하게도 인생 최대의 방황을 맞이한 것이었다. 결국 나는 로스쿨 입학 한 학기 만에 도망치듯 휴학했다.

기숙사의 짐을 싣고 부모님과 함께 본가로 돌아가던 날이 기억난다. 얼마나 후련하고 상쾌하던지. 부모님께 실망감을 안겨 드려 죄송한 마음도 있었지만 내 마음을 대변하기라도 하듯 날씨마저 화창했다. 집에 내려와 아무것도 하지 않고 며칠 쉬다 보니 몸과 마음이 조금씩 나아졌다.

그러면서 앞으로의 방향에 대해 생각했다. 다른 것은 모르겠고 확실하게 드는 생각이 하나 있었는데, 바로 '돈을 많이 벌고 싶다'는 것이었다. 가정 형편이 좋은 편은 아니어서 항상 돈 걱정에 시달리며 살았다. 대학교 4년 이후 로스쿨 3년 학비는 장학금을 받으며 다녔고 월 생활비를 지원받기도 했다. 그러다 보니 나는 말하자면 편의점에서 음료수 하나를 사 먹으려 해도 자연스럽게 오늘의 할인 상품이나 1+1 상품으로 손이 가고, '나는 리얼해'라고 외치는 '생'과일주스는 엄두조차 내지 못하는 사람이었다. 이번 생은 리얼해질 수 없는 것인가. 어쩌면 그런 상황에서 벗어나기 위한 탈출구로서 로스쿨에 왔는지도 몰랐다.

그러던 와중에 당시 듣던 머니스웩 힙합 음악은 돈에 대한 열망에 기름을 부었다. 그런 노래를 들으면서 나는 자신의 능력으로 자수성가해서 화려한 삶을 사는 래퍼들을 동경하게 됐다. 비록 지금은 편의점에서 음료 하나도 내 마음대로 못 사 먹는 '리얼'하지 못한 처지이지만, 언젠가 내 능력을 키우고 돈을 많이 벌어서 걱정 없이 돈을 쓰는 삶을 살고 싶다는 야망을 품었다.

법조계에서 가장 돈을 많이 벌 수 있는 곳은 '머니머니' 해도 바로 대형 로펌이었다. 대형 로펌에서는 보통 신입 초봉이 세후 약 1억에서 시작한다. 예전에는 명예를 중시해서 사법 연수원의 상위권 연수생 중에는 판사나 검사를 지원하는 이들이 많았다. 그런데 자본주의가 심화하고 시대가 바뀌면서 그런 경향은 줄어들었고, 로스쿨의 상위권 학생 대부분은 대형 로펌을 가장 선호했다. 드라마나 영화에 나오는 대형 로펌 변호사도 하나같이 화려한 삶을 사는 것처럼 나왔으니까. 나도 미친 듯이 대형 로펌에 들어가고 싶었다. 당시의 나에게 대형 로펌은 이 길고 긴 고난을 끝맺게 해 줄 가나안 땅과 같은 곳이었다. 나는 동네 도서관에서 몇 백 원짜리 자판기 커피를 마시며 복학 후 더 열심히 공부해 꼭 대형 로펌에 들어가겠노라고 이를 갈았다.

내 앞에는 성공의 길만 남았구나

보통 대형 로펌은 로스쿨 방학 기간에 인턴 제도를 실시해 졸업과 변호사 시험 합격 전에 미리 신입 변호사를 채용한다(이를 '컨펌'이라고 한다. 주로 로스쿨 1학년 겨울방학, 2학년 여름방학에 이뤄진다). 대형 로펌에 인턴으로 뽑히는 것 자체도 어렵고, 뽑힌다고 해도 컨펌을 받기 위해서는 로스쿨 성적, 인턴 시실시되는 자체 과제 성적, 직장 경력, 외국어 능력, 특기 등 각종 스펙이 필요하다. 하지만 내 1학년 1학기 성적은 하위 25퍼센트 정도로 처참한 수준이었고, 이를 만회할 만한 직장 경력도 전무했다. 외국어 능력을 비롯해 별달리 내세울 만한 재주도 없었기 때문에 인턴으로 뽑힌다 하더라도 대형 로펌에 컨펌될 확률은 극히 낮았다.

하지만 나는 나 자신에 대한 근거 없는 믿음이 있었다. 물론 과정이야 힘들고 지난하겠지만 지금까지 그랬던 것처럼 후회 없을 정도로 열심히만 한다면 이번에도 막연히 잘될 것 같았다. 매일 밤마다 로펌에 입사해 멋지게 일하는 내 모습을 상상하고 믿고 확신하며 공부에 온 정신을 쏟았다. 그때를 생각하면 도서관에서 예습하고 강의실에서 수업을 듣고 다시 도서관에 돌아와 복습하고 밤새워 공부하던 것 말고는 딱히 기억나는 게 없다. 그 정도로 공부에만 매진했다.

그 결과, 복학한 학기 학점이 휴학 전 학기에 비해 급격히 올랐다. 상위 10퍼센트에 속하는 기적적인 성적이었다. 그 성적으로 로스쿨 2학년 여름방학에 모 대형 로펌 인턴에 지원해 무사히 통과했다. 인고의 노력 끝에 마침내 운명의 기회가 주어진 것이었다.

떨리는 마음을 안고 인턴으로 첫 출근을 했다. 대학 수석, 외국 아이비리그 출신, 화려한 경력, 명망 있는 가문의 자제 등 날고 긴다 하는 사람들이 모여 있었다. 차례차례 자기소개를 하는데 다들 어찌나 말도 잘하는지 내 차례가 올 때쯤엔 배탈이라도 나서 화장실로 도망가고 싶은 심정이었다. 쭈뼛쭈뼛 일어나 기어드는 목소리로 이름, 나이, 학부 등의 뻔한 정보와 실없는 얘기로 소개를 마무리했다. 나름 어디서 꿀릴 것 하나 없다고 자부하던 나였지만, 그런 친구들 사이에서는 왠지 쭈구리가 된 느낌이었다.

로펌 인턴은 마치 오디션 프로그램 〈프로듀스 101〉과 같다. 수많은 지원자 사이에서 컨펌을 받기 위해 몇 번의 과제를 치르며 치열하게 경쟁하는 콘테스트의 현장이다. 그사이 회식도 하고 등산 등의 커뮤니티 활동도 하며 친목을 다지지만, 그런 활동조차도 결국 평가와 경쟁에서 자유로울 수 없는 것이 사실이다. 특출한 사람들 사이에서 과연 나 같은 사람이 선택받을 수 있을까 긴장되고 걱정됐다.

흔치 않은 기회이기 때문에 모든 순간 최선을 다했다. 인턴 지원 시 이미 제출한 이력서상의 성적이나 외국어 시험 점수는 바꿀 수 없기에 몇 번의 자체 과제(실제 로펌에서 하는 실무와 비슷하다)를 철저히 준비해서 치렀다. 인턴 마지막 날엔 한 명씩 인터뷰를 했다. 그간 잘해 왔고 이것만 잘 마무리하면 되겠다고 생각했는데, 갑자기 면접관이 요즘은 영어 실력이 필수라며 영어로 자기소개를 해 보라고 했다. 영어, 특히 말하기는 젬병이었던 나는 당황해 얼버무리다가 안 하겠다고 호기롭게 대답해 버렸다(지금 생각하면 무슨 배짱이었나 싶다). 돌아서 나오면서 '나는 망했다'라고 생각했다.

인턴을 마친 후 몇 주 뒤에 최종 면접 대상자가 선정됐는데, 어떻게 된 건지 내가 그 대상자에 선정됐다는 연락을 받았다. 이게 무슨 일인가 싶었지만 다시없을 기회라 생각해 흥분을 가라앉히고 열심히 면접을 준비했다. 면접은 한 시간 정도 진행됐다. 이런저런 질문에 잘 대답하다가 결국 난관에 봉착했다. 한 면접관이 내 서류에 적힌 휴학 기록을 보더니 휴학을 한 이유가 무엇이냐고 끈질기게 질문했다. 당시 나는 법조인의 길에 대해 고민이 많았다는 것을 밝히는 게 떳떳하지 못하다고 생각해 우물쭈물 대답했다. 면접을 마치고 또 한 번 '역시 나는 아닌가 보다'라는 생각이 들었다.

그런데 또 한 번 기적이 일어났다. 면접관 세 명이 보류 결정을 했는데, 당시 대표 변호사가 급한 일로 면접에 참여하지 못해 대표 변호사 참관하에 면접을 재진행하기로 했다는 것이었다. 기적이라는 말밖에는 설명할 수 없는 일이었다. 기적처럼 주어진 마지막 면접을 위해 만반의 준비를 다했고, 무사히 면접을 치렀다.

우여곡절이 많았지만 두 번의 면접 끝에 가까스로 대형 로펌 컨펌에 성공했다. 30~40명의 인턴 중에 컨펌된 사람은 나를 포함해 단 몇 명뿐이었다. 나보다 성적도 뛰어나고 말도 잘하고 사회성도 좋은 친구들이 많았는데 그에 비해 평범한 나 같은 사람이 뽑히다니. 그것도 복학 후 첫 인턴에서. 말도 안 되는 일에 감사함도 잠시, 나는 대형 로펌 변호사라는 출세주의에 단단히 취하게 됐다.

별 볼 일 없던 대학생에서 대형 로펌 변호사로!

초봉 1억의 고액 연봉에 나이도 이제 갓 서른!

내 앞에는 성공의 길만 남은 건가?

그야말로 상위 1퍼센트의 삶이다!

대략 이런, 지금 봐도 재수 없는 자신감과 자만심에 빠졌던 나는 남은 로스쿨 과정과 변호사 시험을 무사히 마친 후 드디어 그토록 바라던 로펌에 입사했다. 그렇게 호기로운 로펌 생활이 시작됐다.

모든 것이 환상 그 자체인 로펌 생활

이런 호사는 처음입니다만

'이제 편의점에서 생과일주스 몇 개쯤은 아무렇지 않게 사는 그런 삶을 살 수 있는 것인가' 하는 기대를 잔뜩 품은 채 로펌에 입사했다. 로펌 생활은 그런 기대를 실망시키지 않았다. 대형 로펌 입사부터, 정확히는 로스쿨 재학 중 로펌 컨펌 후부터 내 삶은 완전히 바뀌기 시작했다.

로펌에서는 아직 입사도 하지 않고 정식 직원도 아닌 나에게 책이나 학습 비용을 양껏 지원했다. 명절 때면 꼬박꼬박 선물 세트를, 생일에는 케이크를 보냈다. 한번은 금가루가 올라간 생일 케이크를 받았는데, 그런 걸 처음 본 터라 이 금가루를

먹어도 되는 건지 몰라 인터넷에 찾아보기도 했다.

입사 전, 컨펌 동기들과 함께 두 번이나 제주도로 워크숍을 갔다. 로펌에서 비용을 전부 부담했기에 우리는 어디에 가거나 무엇을 보러 돌아다니기보다는, 어떻게 하면 더 비싼 것을 먹고 회사 돈을 쓸 수 있을지 궁리했다(아이러니한 것은 횟집에서 먹은 비싼 다금바리 회보다 후식으로 먹은 라면이 더 맛있었다……). 매 끼니 맛있고 비싼 음식을 너무 많이 먹어서 어떤 날은 예정된 호텔 조식을 포기하고 홀로 숙소에 남아 전날 안주로 먹다 남은 과자로 아침을 대신하기도 했다.

입사 직후에는 5성급 호텔에서 신입 변호사를 대상으로 한 가족 초청 만찬회가 열렸다. 스탠딩 와인 파티에 코스 요리에 팝페라 공연까지. 평생 이런 걸 경험해 본 적이 없던 부모님께서는 처음엔 마냥 어색해하셨지만, 연회가 끝나고 집으로 가는 길에 잘난 아들 덕분에 이런 호강도 하고 너무 좋았다고 하셨다. 얼떨결에 로펌에 들어왔지만 그렇게 좋아하는 부모님의 모습을 보니 '이런 것이 효도인가, 로펌에 입사하길 정말 잘했다'는 생각이 더욱 커졌다.

입사 후 일을 하면서도 '이래서 대형 로펌, 대형 로펌 하는

구나' 확연히 느꼈다. 강남 한복판, 한강이 보이는 으리으리한 고층 건물에 각자의 사무실이 주어진다. 신입 변호사한테까지 개인 사무실을 주다니. 그 덕에 상사의 눈치 없이 나름 자유롭게 일할 수 있었다. 집중력이 떨어질 때는 잠시 인터넷 서핑을 하며 머리를 식히기도 하고, 방에 마련한 리클라이너에서 짧게 단잠을 청하기도 했다. 한마디로 주어진 일만 잘한다면 독립적으로 일할 수 있는 환경이었다.

업무적으로도 인프라가 잘 갖춰져 있었다. 변호사가 중요한 일에만 집중할 수 있게 단순하고 반복적인 일은 비서나 패러리걸(법률 사무 보조원)이 도와주고, 절차적인 업무는 사무 직원이 처리했다. 재판을 하러 법정에 갈 때도 기사님이 데려다주고 데리러 왔다. 나는 변호사 본연의 일만 잘하면 되는 것이었다.

이런 혜택을 누리면서도 연봉은 대략 세전 1억 5천, 세후 1억 정도였다.

공부만 열심히 했을 뿐인데

할 줄 아는 거라곤 남들보다 좀 더 텍스트를 잘 이해하고 글을 논리적으로 쓰는 것, 그리고 공부를 제법 잘했던 것뿐이었다. 그것 말고 별다른 능력은 없었다(어쩌면 그래서 더 공부에 열중했는지도 모른다). 그런 나에게 로펌에서 제공하는 것은 너무 크고 엄청난 혜택이었다. 내가 이런 대접을 받아도 되는 것일까? 불과 얼마 전만 해도 나는 월세 30만 원, 보증금 30만 원의 고시촌 반지하 방에 살면서 '변호사 시험에 떨어지면 어떡하지?' 하며 불확실한 미래에 불안해하던 수험생일 뿐이었다. 이건 가히 인생 역전이었다.

로펌은 그야말로 환상 그대로의 삶이었다. 앞으로의 생활이 너무 기대될 정도로 황홀했다. '계속 올라갈 일만 남았겠지, 지금처럼만 하면 나도 소위 상류층에 편입될 수 있겠지' 생각하며 희망을 품었다.

내 몸값은 시간당 30만 원

로펌에서는 보통 의뢰인에게 수임료를 청구할 때 변호사의 시간당 타임 레이트와 해당 업무에 소요된 시간을 곱해 청구액을 정한다. 타임 레이트란 운동선수의 주급 같은 것으로, 이는 곧 변호사의 몸값을 의미한다. 입사 초, 신입 변호사 연수를 받을 때 한 선배가 해 준 말이 생각난다. 본인의 타임 레이트는 100만 원대라고 하면서, 그렇게 몸값을 올리기 위해 치열하게 노력했던 과정에 대해 말했다. 자신이 받고 있는 어마어마한 타임 레이트에 대해 자부심을 느끼면서도, 한편으론 의뢰인에게 그 비용에 걸맞은 서비스를 제공할 수 있도록 끊임없이 실력을 갈고닦아야 한다고 했다.

신입인 내 타임 레이트는 30만 원대였다. 물론 이건 의뢰인에게 청구하는 금액을 정하는 기준일 뿐, 내가 실제로 받는 월급과는 무관하지만 그래도 왠지 기분이 좋았다. 대학생 시절에 마트, 서점, 교내 근로 장학생 등 갖은 알바를 했지만 하루에 5만 원 벌기도 힘들었는데 한 시간에 30만 원이라니. 내 가치를 사회에서 알아주는 것만 같았다.

그런 숫자는 굉장히 중요한 이슈였다. 로펌 내에서도 누가 더 연봉이 높은지, 누가 성과급을 더 많이 받았는지 신경 쓰고, 다른 경쟁 로펌 간의 연봉 비교도 자주 거론됐다. 나와 동기들은 식사 시간마다 '어디 로펌의 월급이랑 복지가 우리 로펌보다 좋더라' 하는 얘기를 나눴다. 단순한 가십거리가 아니라 민감하고 진지한 주제였다. 물론 지금 받는 돈도 충분히 많고, 다른 로펌과 비교해도 큰 차이가 없었다. 그럼에도 그렇게 집착했던 건 단순히 돈의 액수가 아니라 자존심 때문이었다. 내 연봉이 곧 내 가치였으니 말이다.

사람들이 변호사를 구할 때 흔히 '변호사를 산다'고 표현한다. 하지만 변호사를 상품처럼 다루는 표현이라 사용이 자제되는 말이기도 하다. 그런데 정작 당사자인 우리가 스스로를 상품화하고 있었다. 어차피 팔리는 상품이 돼야 할 운명이라면 이왕이면 명품이 되고 싶었다. 그게 당시 나와 동기들의 생각이었다.

이러려고
그 고생을 했다니

파트너 변호사와 어쏘 변호사

로펌의 직급은 기본적으로 파트너 변호사(Partner Lawyer)와 어쏘 변호사(Associate Lawyer)로 나뉜다. 파트너 변호사(이하 파트너)는 로펌의 지분을 갖고 실적에 따라 이익금을 분배받는 고연차 변호사를 뜻하고, 어쏘 변호사(이하 어쏘)는 로펌에 고용돼 급여를 받고 일하는 저연차 변호사를 말한다. 파트너는 수임 및 고객 관리를 주로 맡고, 어쏘는 기록 검토와 서면 초안 작성 등을 담당한다.

사건의 규모나 난이도에 따라 팀원의 수와 연차가 달라질 수는 있지만, 보통은 사건이 들어오면 파트너와 어쏘가 함께 팀을 이룬다. 어쏘가 먼저 사건 기록을 검토한 후 파트너와 함께 회의를 해 사건의 방향을 논의한다. 필요하면 고객 회의도 거쳐서 부족한 사실 관계를 파악하고, 내부적으로 파트너와 어쏘가 서면 초안 작성 시기를 상의한다. 그간의 회의를 바탕으로 어쏘가 서면 초안을 작성해 파트너에게 전달하면 파트너가 서면을 검토, 수정해 서면을 제출한다(초안이 어느 정도 잘 작성됐으면 큰 수정 없이 통과되지만, 그렇지 못할 경우 끝없는 수정이 계속된다). 그 후 파트너와 어쏘가 함께 재판에 출석한다. 서면을 제출하고 재판에 참여하는 과정을 몇 번 거듭하면서 사건이 진행된다.

이 과정에서 명확하게 지시 사항을 전달하고 코치하는 파트너도 있지만 간혹 어쏘에게 많은 것을 일임하는 파트너도 있다. 그렇기 때문에 어쏘라고 해서 파트너가 시키는 대로만 해서는 안 된다. 또한 파트너는 사건 수임과 고객 관리에 바쁘고, 재판에 필요한 기록 검토와 서면 초안 작성은 실제적으로 어쏘가 담당하기 때문에 사건을 자발적으로 핸들링해야 하는 측면이 크다.

야근은 밥 먹듯이, 주말은 반납

데드라인은 로펌 변호사에게 생명이다. 말 그대로 라인을 넘으면 죽는다. 법률 서면은 불변 기간(이 기간을 지키지 않으면 소송이 각하되거나 불이익을 받을 수 있다)이나 제출 시기가 중요하기 때문이다. 로펌에서 에이스로 불리는 한 선배가 잦은 야근과 주말 출근에 배우자가 불만을 토로하자 "우리 가족보다 중요한 게 뭔지 알아? 바로 데드라인이야!"라고 했다는 웃픈 전설이 내려올 정도다.

로펌마다 차이가 있겠지만, 로펌에 다닐 당시 나는 30~40건 이상의 사건을 동시에 관리했다. 이렇듯 어쏘는 많은 사건을 담당하기 때문에 각 사건의 데드라인을 맞추기 쉽지 않아 업무 스케줄을 미리 잘 짜야 한다.

앞에서 말했듯 각 사건은 각기 다른 팀으로 이뤄져 있고 서면 작성 전에 해당 사건 파트너와 초안 작성 기한을 정하는데, 아무래도 파트너는 다른 사건보다 자신의 사건을 빨리 처리해주기를 바란다. 다른 사건의 일정을 같이 고려하는 것이 아니기 때문에 어쏘 입장에서는 일정을 조율하는 게 쉽지 않다. 미리미리 일을 처리하면 되지 않느냐고 할 수도 있겠지만, 업무량이 살인적으로 많아 한번 일이 밀리면 불가피하게 서면을 하루에 두세 개 써야 하는 경우가 생길 때도 있다. 그뿐인가. A 사건 서면을 쓰다가도 B 사건 재판을 갔다 오고, 또 C 사건 회의에 들어가야 하며, 그사이 중간중간 D, E, F 사건 관련 전화가 오는 등 하루가 정신없이 흘러간다. 마치 여러 사건을 저글링하는 것과 같은데, 한 사건의 기한을 잘 지킨다 해도 다른 하나가 그렇지 못하면 큰일이 발생하는 그런 상황인 것이다.

그래서 데드라인을 맞추기 위해 당연하게 야근을 하고 주말에도 출근해 일했다. 보통 월요일부터 목요일까지 야근하고 금요일은 조금 일찍 퇴근, 그리고 주말 중 하루는 출근해서 일하는 사이클이었다. 업무 시간에도 일이 끊임없기 때문에 정말 바쁠 때는 밥이 코로 들어가는지 입으로 들어가는지 모르게 후딱 먹거나(우리는 '스피드 밥'을 줄여 '스밥'이라고 불렀다), 그마저도 상황이 여의치 않으면 사무실에서 혼자 샌드위치나 김밥으로 급하게 때울 때가 많았다. 회식을 한 날에도 밤늦게 다시 사무실로 와서 일하는 경우도 있었다. 야근 후나 주말에도 편히 쉰다기보다는 업무 메일을 수시로 확인하면서 상시 답장을 해야 했다. 밀려 있는 사건에 대한 근심이 늘 어깨에 매달려 있었다.

드라마나 영화를 보면 로펌 변호사에 대한 굳어진 이미지가 있는 것 같다. 미드 〈슈츠〉의 주인공처럼 건방지고 자기 잘난 맛에 살며 이기적인 한편, 항상 반듯하게 꾸미고 다니는 그런 모습 말이다. 그러나 실상은 다르다. 꼭 그런 사람이 없다고는 할 수 없지만, 대부분은 겉보기에도 특별할 것 없이 평범한 사람들이다. 깔끔하게 꾸미고 다니기도 하지만 며칠간 밤을 새우거나 업무로 정신없을 때는 헝클어진 머리에 제대로 씻지도 못한 채 좀비처럼 돌아다니기도 한다. 특이한 점을 꼽자면 단지 심각하게 성실하다는 것? 그렇기에 치열한 경쟁을 뚫고 여기까지 온 거겠지. 우리끼리는 출근길에 몸이 크게 다치지 않을 정도로만 경미한 사고가 나서 며칠 병가를 내면 참 좋겠다는 말을 우스갯소리로 할 때가 많았다. 하지만 다들 성실해서 말만 그렇게 할 뿐 맡은 일을 꾸역꾸역 잘 해냈다. 물론 월말에 다달이 들어오는 월급이 위로와 보상이 되기도 했지만 말이다.

왜 꼭 빡세게 일해야 해?

모니터 앞에 앉아 소처럼 일만 하다 보니 늘 눈이 시리고 목이 뻐근했다. 들판을 뛰어다니며 사냥을 하도록 진화된 우리의 몸과 달리 사각형 건물 안에서 모니터만 보고 있는 호모 '회사'피엔스들의 건강이 안 좋아지는 것은 어쩌면 당연한 일일지도 모른다. 하루하루가 어떻게 흘러가는지 모르고 매일 정신없이 일만 하는 생활이 이어졌다. 그러다 보니 처음엔 마냥 좋았던 로펌 생활도 화장실 들어갈 때와 나올 때 다른 것처럼 더 이상 좋게 느껴지지 않았다. 무슨 부귀영화를 누리겠다고 이런 고생을 하나 싶으면서 점차 만족감이 떨어졌다. 동료 중 누군가는 명품 옷을 사고 비싼 술을 마시는 등 소비로 공허함을 풀었지만, 나는 그런 데서 만족감을 얻는 스타일도 아니었다.

어쏘들이 이런 점으로 힘들어하는 것을 알기에 파트너는 격려차 항상 이렇게 말했다. 변호사는 처음 3년간 고생한 걸로 평생 먹고산다고. 지금의 고생과 노력이 쌓여 점차 실력이 형성될 거라고. 그러니 지금 당장은 힘들겠지만 조금만 참고 버티라고.

어쏘들 역시 다들 힘들어하면서도 일이 없는 것보다는 많은 것이 그나마 낫다고 생각했다. 로펌에서는 실제로 일한 시간을 시스템상에 기록하게 돼 있는데, 그렇게 입력된 시간은 고객에게 청구할 금액뿐 아니라 내부 평가, 성과급, 승진 등에 있어 결정적인 요소로 작용했다. 그래서 이번 달 타임이 얼마만큼 나오는지가 어쏘들에게는 큰 문제였다. 일이 너무 많아도 문제지만, 타임이 안 나오는 게 더 걱정인 것이다. 어쏘들은 자신의 타임이 다른 사람들의 평균(보통 월 200시간 정도)보다 적지는 않은지 늘 신경 썼다. 월 300시간 일했다는 변호사는 영웅화되지만, 오히려 타임이 나오지 않는 변호사는 능력 없는 사람으로 취급되거나 프리라이더로 낙인찍히기 쉬운 그런 분위기였다.

그러나 나는 이런 생각에 동의하지 않았다. 정해진 근무 시간에 열심히 해야 한다는 것에는 십분 공감하지만, 꼭 오랜 시간 컴퓨터 앞에 앉아 있다고 일을 더 열심히 하는 거라고는 생각하지 않았다. 중요한 건 일의 몰입도와 결과이지, 소요된 시간이 아니라고 생각했다. 헨리 데이비드 소로의 "일을 많이 하는 사람은 열심히 하지 않는다"라는 말처럼, 같은 양의 일을 한다는 것을 전제로 했을 때 일을 빨리 처리할수록 오히려 효율적으로 일하는 능력이 있다고 여겼다. 어쏘들 간의 형평성 문제 때문에 로펌에서도 정책적으로 되도록 공평하게 일을 배분

하고 있었다. 무조건 빡세게 일하는 것만이 프로페셔널한 것은 아니라고 느꼈다.

그래서 습관적인 야근이 너무 싫었다. 야근을 하지 않고도 정해진 시간 안에서 최대한 효율적으로 일할 수 있는 방법을 고민했다. 대충 하겠다는 것이 아니었다. 흔히 멀티태스킹 능력이 중요하다고 하지만, 나는 일할 땐 한 가지 일에만 집중하는 능력이 더 중요하다고 생각했다. 그래서 일처리 방식을 단순화하고 중요한 일에만 집중하려고 노력했다. 예를 들어 지금 하는 일의 집중도를 분산시키지 않기 위해 행정적인 메일이나 당장 급하지 않은 메일의 답장은 뒤로 미루고 시간을 정해 한꺼번에 처리했다. 서면을 쓸 때도 처음에는 내용을 구상하는 동시에 표현, 편집, 맞춤법 등까지 신경 쓰느라 진행이 더뎠는데, 단계를 나눠 우선 내용을 완성하고 그 후 표현 등을 다듬는 과정을 통해 작성 시간을 줄였다. 꼭 내가 아니어도 해결 가능한 단순한 업무는 비서에게 요청 사항을 명확히 해 전달했다.

이런 과정을 통해 시행착오를 겪다 보니 점점 일의 효율이 높아지면서 불가능할 것만 같았던 칼퇴도 가능해졌다. 매일은 아니지만 일주일에 두세 번은 칼퇴하는 것에 무리가 없었다.

그래서 일을 제시간에 끝낸 날이면 크게 눈치 보지 않고 곧장 퇴근했다. 그러나 이대로만 하면 되겠구나 생각한 것도 잠시, 다른 곳에서 문제가 생겼다.

로펌 부적응자의 눈물겨운 적응기

정글과도 같은 경쟁 사회

기본적으로 로펌은 모든 어쏘가 승진해서 파트너가 될 수는 없는 피라미드 구조다. 같이 입사한 동기라 할지라도 누구는 파트너로 승진하고 누구는 승진하지 못한다는 이야기다. 내가 다닌 로펌에서는 보통 5~6년 차에 유학을 보내 주는데, 그 비용 부담 때문에 점점 유학 시기가 늦춰질 뿐만 아니라 어쏘 전부를 보내지는 못하는 방향으로 바뀌는 추세였다. 그래서 매년 까다로운 유학 심사를 통해 유학자를 선정하는데, 유학은 곧 이후 있을 파트너 승진과 로펌 내 평가에 대한 시그널과 마찬가지라 여기서 밀리면 승진에서도 밀리는 경향이 있었다.

심지어 유학자로 선정되지 못하거나 승진을 못 하면 내부적으로 알아서 로펌을 나가야 하는 분위기가 형성돼 있었다. 그렇게 로펌의 피라미드가 공고히 유지되는 것이다.

그렇기 때문에 경쟁이 심할 수밖에 없었다. 로펌에 입사하기까지 치열한 경쟁의 연속이었지만 로펌에 들어와서도 끝이 없었다. 내 옆의 동기가 내 라이벌이었다. 미주알고주알 이야기를 나누며 마냥 웃을 수 있는 편한 관계가 아니었다. 로펌은 마치 경쟁의 끝판왕, 정글과도 같았다.

로펌 변호사의 사회생활: 쇼잉(showing)

어쏘 평가나 유학, 승진 등의 결정은 전부 파트너가 하기 때문에 파트너에게 잘 보이는 것이 로펌 생활에서 굉장히 중요했다. 파트너에게 밉보이면 일을 아예 배당받지 못할 수도 있었다. 그래서 선배들은 신입들에게 입사 초부터 '파트너가 제일 중요한 고객'이라고 말하며 경쟁에서 살아남기 위해서는 파트너에게 잘 보여야 함을 강조했다. 신입 초기의 이미지 형성, 이른바 '쇼잉'이 중요하다고 했다.

쇼잉이란 이런 것이다. 선배가 출근하는 시간보다 더 일찍 출근하고, 선배가 퇴근하지 않으면 내 할 일을 끝냈어도 선배가 퇴근할 때까지 사무실에 남아 있는 것. 다른 일로 바빠도 선배가 보낸 메일에 바로바로 답장하는 것. 서면 초안 작성이 조금 늦어지거나 실수하면 파트너에게 '죄송합니다'로 시작하는 구구절절한 메일을 보내고, 휴가 공지 메일을 돌릴 때도 휴가의 목적과 함께 휴가 중에도 수시로 휴대폰과 메일을 확인해 업무에 차질 없게 하겠다는 말을 덧붙이는 것. 왜 굳이 그래야 할까, 그럴 필요까지 있을까 싶은 것을 당연하게 해야 했다.

한번은 한 선배가 자신의 신입 시절 이야기를 들려줬다. 옆방 선배들 중 한 명은 일찍 출근해 일찍 퇴근하는 스타일이고, 다른 한 명은 늦게 출근해 늦게 퇴근하는 스타일이었는데 두 명 모두의 눈치를 보느라 매일 일찍 출근하고 늦게 퇴근했다고 했다. 새벽에 퇴근해 몇 시간 자지도 못하고 다시 새벽에 출근했다는 이야기를 자랑스럽게 했다. 초반에 그런 이미지를 형성하면 선배들 사이에서 '얘는 열심히 하는 애다'라는 이미지가 박혀서 조금 실수를 하거나 느슨해져도 그럴 수 있다고 생각하는 반면, 초반에 이미지가 잘못 쌓이면 아무리 열심히 해도 굳어진 이미지를 되돌리기 힘들다는 것이었다.

이런 분위기 속에서 어쏘들은 다들 눈치를 보며 파트너에게 잘 보이기 위해 기를 쓰고 노력했다. 가기 싫은 회식에 참석하고, 주는 술도 잘 마시고, 파트너의 실없는 얘기도 귀담아 들어주며 비위를 맞추는 등 업무 외적인 사회생활도 필요했다. 심지어는 선배들의 기수를 외우는 일까지 해야 했다(법조계에는 기수 문화가 있는데, 사시 출신과 로스쿨 출신 간 기수 계산 문제가 있어서 매우 복잡하다).

내 행동의 주인은 나 자신이어야 하니까

대학에서 심리학을 전공한 나는 조직 생활에 있어 쇼잉과 사회생활이 얼마나 중요한지 잘 알고 있었다. 그것을 존중하는 마음도 있었다. 그럼에도 불구하고 하고 싶지 않았다. 이런 나를 보며 부모님께서는 모나게 굴지 말고 유하게 지내라고 하셨지만, 조직 생활을 싫어해서 일찍이 회사와는 담을 두고 자영업을 하셨던 아버지를 닮은 탓인지 몸과 마음이 쉽게 따라 주지 않았다.

그래서 나는 내 마음 가는 대로 행동했다. 업무 시간 내에 일을 빠르게 해결해서 할 일을 끝낸 날이면 정시에 퇴근했다. 남아 있는 일이 없는데도 선배의 눈치를 보느라 야근하고 싶지 않았다.

내가 다닌 로펌에는 사내 메신저가 있는데, 마우스나 키보드가 움직이고 있으면 '업무중'이라고 표시되고, 움직이지 않으면 '부재중' 상태 표시가 떴다. 부재중 상태가 얼마나 지속됐는지 시간까지 표시돼서 언제 퇴근했는지도 유추할 수 있었다. 굳이 방을 들여다보지 않더라도 메신저만으로 감시(?)가 가능한 것이다. 나는 이런 기능에 신물이 난 나머지 자동으로 움직이는 기계를 마우스에 연결해 상태 표시를 조작하고 싶다는 발칙한 생각을 하기도 했다.

일정 시간에 특정 선배가 어쏘들이 야근 중인지 체크하려고 방을 돈다는 소문도 무성했다. 나는 이상하게도 저녁에 정시 퇴근해서 집에서 쉬다가 늦은 밤에 다시 사무실에 와서 일하거나, 사람이 없는 일요일 오전에 나와 밀린 업무를 처리하는 것을 좋아했다. 그러니 선배들이 나를 목격하기 어려웠을 것이다.

그러다 보니 선배들 사이에서 이런 신입은 처음이라며, 야생마 같은 나를 벼르고 있었나 보다. 1년 차 때, 한번은 퇴근해서 집에서 쉬고 있는데 밤 열 시쯤에 한 선배에게 메일이 왔다.

메일 제목은 '면담 요청'. 자기 사무실로 당장 찾아오라는 것이었다. 열 시가 넘은 시간에 면담이라니? 하지만 어쩌겠는가. 어쩔 수 없이 다시 옷을 차려입고 사무실로 갔다. 선배는 나에게 왜 퇴근할 때 방에 불을 끄지 않고 갔느냐부터 시작해서 갖은 꾸중을 늘어놓았다. 요지는 왜 남들처럼 야근을 하지 않느냐는 것이었다.

그 후 나는 특별 관리 대상이 돼서 일방적으로 방을 옮기라는 통보를 받았다. 로펌 내에서 가장 야근을 많이 한다는 선배들 방 사이로 옮겨져 그야말로 샌드위치 관리를 받게 됐다. 보통 새벽 서너 시까지 야근하는 선배들로, 그런데도 늘 제시간에 출근하는 통에 그분들이 퇴근하는 것을 본 사람이 아무도 없어 혹시 로펌에서 숙식하는 게 아니냐는 말이 나오는 그런 선배들이었다.

한편, 나를 챙겨 주는 친한 선배는 윗사람들이 날 주시하고 있다면서 평판 관리를 위해 세 가지 지령을 전달했다. 당분간 정시 출근 시간보다 한 시간 일찍 출근할 것. 파트너가 퇴근하기 전까지 퇴근을 자제할 것. 파트너가 팀 식사에 나오면 무조건 함께 참여할 것.

하지만 그럼에도 나는 나를 바꾸지 않았다. 남들 눈치 보느라 내가 원하는 것과 반대로 행동하는 건 나 자신에게 솔직하지 않다고 느꼈다. 무엇보다 소신껏 행동하는 게 선배들에게 잘 보이고 로펌에서 잘나가는 것보다 중요하다고 생각했다. 어차피 인정 갈구는 끝이 없다. 그런 식으로 사람들에게 인정받고자 노력하면 결국 인정은 받을 테지만, 그만큼 자기 자신을 잃고 다른 사람들에게 휘둘릴 확률도 많다고 여겼다. 뭐가 됐든 늘 내 행동, 내 삶의 주인은 나 자신이어야 한다. 그래서 나는 계속 문제적인 어쏘로 남았다.

그리고 한 걸음 더 나아갔다. 로펌에는—부문마다 다르지만—보통 팀 내 결속을 위해 신입 어쏘들이 점심, 저녁 시간대에 전체 방을 돌아다니며 같이 밥 먹을 사람을 모으고 식당까지 예약해 인솔하는 '방돌이'라는 문화가 있었다. 나는 신입이 부족해서 2년 차에도 계속 방돌이 역할을 했다. 사실 파트너, 어쏘가 같이 밥을 먹는다 하더라도 따로 앉거나 서로 어색해하는 경우가 부지기수였다. 그런데도 이 문화는 각 팀 비서들이 대신 방을 돌아 식사 참여 의사를 취합한 후 메일을 돌리면 해당 요일을 맡은 어쏘가 엘리베이터 앞에서 인솔해 같이 가는 등 여러 방식으로 진화하면서 계속 명맥을 유지했다. 이런 구시대적인 문화가 정말 우습고 싫었다. 결국 나는 파트너에게 왜 꼭 이렇게까지 해야 하는지 모르겠다고, 실효성이 없다고 주장한 끝에 방돌이 문화를 없애는 데 일조하기도 했다.

그러던 중 사건이 일어났다. 어느 날, 사건을 같이 진행하고 있는 선배 및 다른 어쏘들과 회식을 했다. 선배는 처음에는 서면 초안을 잘 썼다고 나를 추켜세웠으나, 시간이 지나고 술에 취하자 갑자기 나를 지적하기 시작했다. 평소 과업에 힘들어하는 동료들이 안쓰러워 급한 일이 없으면 일찍 퇴근하라고, 파트너 눈치를 너무 보지 말라고 위로의 말을 하고 다닌 것이 화근이었을까? 선배는 "네가 어쏘들 물을 흐린다. 너만 그러면 문제없지만 다른 애들도 너 때문에 불이익을 받으면 네가 책임질 수 있냐"며 나를 몰아세웠다. 억울한 마음에 순간 울컥했지만 무슨 일이 있으면 마음속으로 참을 인을 세 번 새기라던 어머니의 말이 생각나 꾹 참았다. 무엇보다 나 때문에 다른 친구들에게 폐를 끼칠까 너무 걱정스러운 마음이었다. 나는 다음 날 바로 친하게 지내는 어쏘들을 소집해 앞으로 행동거지를 조심하자고 타일렀다.

그 이후로 나는 쓸데없이 나대거나 튀는 행동을 하지 않고 마음이 통하는 소수의 사람들과 간간이 교류하며 조용히 일만 했다. 이러나저러나 나는 로펌 부적응자였다. 그래도 맡은 바 업무는 최선을 다해 임했다. 그래서일까. 시간이 흘러 어느덧 3년 차가 되자 자주 같이 일한 선배들에게 조금씩 조금씩 인정을 받았다. 그리고 그들은 차츰 내 스타일을 받아들이기 시작했다.

로펌에서는 반년마다 그간의 평가 자료를 바탕으로 파트너와 면담하는 '어쏘 평가'라는 것을 했다. 파트너 세 명을 앞에 두고 벌벌 떨면서 내가 어쏘들 사이에서 어느 정도에 위치하는지 설명을 듣는 시간이었다. 그런데 1, 2년 차 때는 하위권이었던 내가 3년 차가 되니 새로운 평가를 받았다. '태도는 다소 일반적이진 않지만, 업무 퍼포먼스는 나쁘지 않다. 원래부터 일은 잘하는 편이었다'는 평가였다. '재는 원래 저래, 그냥 두자' 이런 포기였을까? 1, 2년차 때는 소위 돌아이라며 무시당하던 나였는데, 그때와 지금의 나는 달라진 게 전혀 없는데 이상하게 평가는 뒤바뀌어 있었다. 아이러니하게도 동료들 역시 "네가 로펌 생활을 제일 잘하는 것 같다"며 내 자유로운 스타일을 부러워했다.

어쏘 평가 후로 평소 나를 관리하고 혼내던 선배들과도 같이하는 사건이 많아지고 교류가 생기면서 나를 향했던 편견과 오해도 서서히 풀렸다. 개인적인 감정의 문제라기보다는, 파트너에게 순종하고 로펌 생활에 올인하던 기성 세대와 꼭 그렇지만은 않은 요즘 세대 간의 의식 차이가 문제였다. 선배들은 나 같은 스타일을 처음 봤는데 일반적이진 않아서 편견이 있었다고, 나 역시 돌이켜 보니 커뮤니케이션에 소홀했던 내 잘못도 있었다고 이야기를 주고받으며 화해 아닌 화해를 했다. 그 선배들과는 퇴사한 지금까지도 연을 이어 오고 있다. 사람의 인연이란 참 묘하다.

퇴사가 정해진 후 마지막 회식 자리에서 한 후배가 선배들의 평가에 어떻게 대처해야 할지 모르겠다며 조언을 구했다. 당시 4년 차였던 나는 뭔가 멋있는 말을 해 주고 싶었는지 "칭찬과 비난 등의 외부 평가는 바람과 같아서 앞에서도 뒤에서도 불어올 수 있다. 바람은 지나가기 마련이니 그에 따라 흔들리기보다는 두 발로 굳건히 서 있으면 그만이다"라고《법구경》에 나오는 격언을 전했다. 나는 이 말에 동의한다. 누군가는 정신 승리 아니냐고 반문할 수도 있겠다. 하지만 바로 이 마음가짐이 로펌 부적응자였던 나를 끝내 로펌에 적응하게 한 방식이었다.

이게 내가 원하는 일이 맞는 걸까

자본주의 사회에서의 로펌

로펌 생활에는 어찌어찌 적응했지만 이런저런 생각이 많아졌다. 조직에 속한 일개 어쏘로서의 역할에 회의감이 들기 시작했다.

대형 로펌 특성상 재벌이나 대기업 고객이 많아 주로 큰 사건을 맡게 된다. 한번은 대기업 총수의 형사 사건을 맡았다. 그 사건을 위해 각 부문의 여러 변호사가 모여 거대한 팀이 구성됐고, 심지어 다른 로펌과 협업까지 이뤄졌다. 우리는 많은 시간을 할애하며 산더미 같은 기록을 검토하면서 머리를 맞대고 대책을 강구했다.

드라마나 영화를 보면 정경계와 밀착한 로펌이 악의 축 같은 역할로 나온다. "유전무죄, 무전유죄"라는 말처럼 없는 죄도 만들어 내고 있는 죄도 없애 버리는 그런 모습 말이다. 하지만 적어도 내가 아는 선에서 로펌 변호사는 열심히 변론을 할 뿐, 있는 죄를 감추거나 없는 죄를 만들어 내는 일은 본 적이 없다. 세상은 생각보다 그렇게 노골적이고 단순하게 돌아가지는 않는 듯하다.

대형 사건 업무 자체에 대한 것보다는 시스템에서 오는 회의감이 컸다. 대기업으로부터 막대한 수임료를 받아 한 사람을 위해 모두가 머리를 싸매고 일하는 모습을 보면서 '역시 이 사회는 돈이 최고구나' 하는 씁쓸한 생각이 들었다.

죄의 성립과 처벌 등이 달린 법률 서비스도 자본주의에서 벗어날 수 없다. 물론 경제적인 여건상 변호사를 선임할 수 없는 사람들에게 무료로 국선 변호인이 붙긴 하지만, 로펌처럼 여러 명이 함께 모여 사건을 궁리하는 것과는 차원이 다르다. 사실상 지불할 수 있는 수임료의 정도에 따라 제공받는 법률 서비스의 질은 현저히 차이가 나기 마련이며, 이는 결국 불공평한 결과를 초래한다. 자본주의가 그렇듯 법률 서비스 자체도 돈을 매개로 교환되기 때문에 이런 결과는 사실 불가피하다. 이렇게 생각하면서도 내 안에서 모순을 느꼈다. 재벌은 로펌에 돈을 주고 나는 그 로펌에서 월급을 받는, 그런 생각을 할 자격조차 없는 신분이었다. 자본주의 사회에서는 어쩔 수 없이 감내해야 하는 일인가. 이런저런 복잡한 생각이 머릿속을 맴돌았다.

무엇보다 나는 이런 사건에서 보람을 찾지 못했다. 변호사는 대부분 큰 사건을 좋아한다. 언론에 오르내리는 사건을 담당할 때 더 유명해지고, 자신의 몸값도 올릴 수 있기 때문이다. 나도 내가 담당하는 사건이 언론에 보도될 때 그렇게 중요한 사건을 내가 맡고 있다며 주변 사람들에게 잠시 우쭐댄 적도 있었다. 하지만 그럴 때조차 팀의 일원으로서 주어진 일을 할 뿐, 의뢰인을 직접적으로 도와준다는 느낌을 받지 못했다. 사건의 승패 결과 역시 나에게 딱히 영향이 없었다. 그런 거대한 사건보다는 의뢰인과 직접 연락하고, 직접적으로 도움을 주고, 그러면서 의뢰인이 내게 의지하는 느낌을 받을 수 있는 사건을 더 많이 맡고 싶었다.

내 의뢰인이 싫어요

한번은 대기업에서 의뢰한 사건을 위해 회의를 했는데, 기업 부회장이 와서 사건에 대한 이야기가 아닌 해당 기업이 추구하는 가치에 대해 일장 연설을 했다. 당시에는 '이 회의 말고도 할 일이 많은데 왜 이렇게 불필요한 이야기를 길게 하는 걸까'라는 불만에 찬 생각을 했는데, 회의가 끝날 무렵 내가 잘못 생각했다는 것을 깨달았다. 그가 말하길 변호할 대상에 대해 자세히 설명해야 일하는 변호사도 진정을 다해 도와주고 싶다는 생각이 들지 않겠냐는 것이었다. 맞는 말이었다.

변호사가 의뢰인에게 공감을 해야 사건에 보다 열심히 임할 수 있을 것이다. 그런데 로펌에서는 내가 사건을 선택하거나 거부할 수 없었고, 그저 주어지는 일만을 해야 했다. 그래서 가끔은 심정적으로 공감할 수 없는 사건을 맡는 경우도 있었다. 공감을 해야 의뢰인을 위해 최선을 다할 수 있는데 그것 자체가 어려운 것이었다.

자세한 사건 내용은 밝힐 수 없지만, 성범죄 관련 사건을 맡으면서는 가히 충격적인 내용에 참 힘든 시간을 보냈다. 기록을 검토하고, 의뢰인과 얼굴을 맞대고 회의하고, 같이 조사를 다니는 그 모든 시간이 너무 괴로웠다. 늦게까지 사무실에 홀로 남아 의뢰인의 입장에 이입해서 서면을 쓸 때는 지금 내가 뭘 하고 있는 건지 자괴감이 몰려왔다. 해당 사건의 관련 기사가 포털 사이트 메인에 노출됐는데, '이런 놈 변호하는 변호사는 나가 죽어라'라는 댓글을 보기도 했다. 변호사란 직업이 다 그렇겠지만, 적어도 내가 조금이라도 공감할 수 있는 의뢰인을 위해 일하고 보람을 느끼고 싶었다.

거대한 톱니바퀴 속 하나의 부품 같은

이런 일들을 겪으며 대형 로펌 변호사로서의 역할에 회의감이 들었다. 물론 훌륭한 선배들로부터 많은 것을 배우고 익힐 수 있었지만, 그저 하나의 부품으로 쓰인다는 생각이 사라지지 않았다. 1, 2년 차 어쏘는 일을 배우는 측면이 강하지만, 3년 차부터는 써먹기 좋다는 말이 있다. 사건 경험이 많아지면서 어떤 사건이든 기계처럼 능숙하게 서면 초안을 작성하기 때문이다. 하지만 정작 사건 진행에 중요한 사항은 어쏘에게 전달되지 않고 파트너가 알아서 결정하는 등 사건 전반에 관여하고 있다는 느낌이 들지 않았다. 어차피 내가 아니더라도 다른 어쏘에게 사건을 재배당하면 진행에 아무런 문제가 없을 것이었다. 애당초 어쏘로서 수행할 사건을 직접 결정할 수 없고, 주어진 사건을 수행할 수밖에 없었다. 사용되다가 언제든 대체될 수 있는 부품 같다는 생각이 들었다. 그래서인지 고생한 수고에 비해 보람도 크지 않았다. 물론 파트너로 승진하면 내가 주체적으로 할 수 있는 부분이 더욱 늘어나겠지만, 승진할 수 있을지도 불확실하고 무엇보다 이미 공고하게 짜여진 거대한 시스템이 바뀔 수 있을까 의문이 들었다. 일개 어쏘로서 시키는 대로 서면만 쓰는 것이 아니라 내 생각과 의지대로 사건을 수임하고 처리하고 싶었다. 조직의 부품이 아니라 처음부터 끝까지 주체적으로 일하고 싶다는 욕망이 싹트기 시작했다.

10억 벌려다 1억 날리다

돈 때문에 이 고생을 한다고?

하루하루 격무에 시달리면서도 이렇다 할 보람이 없다 보니 점차 화가 났다. 내가 이 돈 받자고 이런 고생을 하고 있다니. 처음 입사했을 땐 너무나도 크고 많게 느껴졌던 월급이 한없이 소박해 보였다. 시급으로 따지니 아르바이트 수준처럼 느껴졌다.

이런 생각이 꼬리를 물면서 결국 돈 때문에 이 고생을 한다는 생각으로 모아졌다. 동료들과 이야기해도 다들 "돈 때문에 하는 거지, 뭐"라는 반응이었다. 어느 순간 식사 자리에서도 법적 쟁점에 대한 대화를 나누는 것이 아니라 '어디 부동산에 투자해야 한다' '누가 주식으로 대박이 났다더라' '요즘 이런 가게를 차려야 돈을 번다더라' 등의 이야기만이 오갔다. 로펌에서는 실무에 필요한 지식을 습득하기 위해 업무로 바쁜 와중에도 짬을 내 금융, 부동산 등 전문 분야의 스터디를 달마다 했는데, 어느 순간 이런 건 뒷전이 되고 재테크 스터디라도 할 기세였다. 월급 외적으로도 돈을 많이 벌어서 빨리 로펌에서 탈출하자는 것이 우리의 계획이었다.

어리석은 탐욕이 불러온 빚더미

'그래, 좋다. 10억쯤 모아 여기서 나가야겠다'라는 생각이 들었다. 왜 하필 10억이었는지는 모르겠다. 〈10억〉이란 제목의 영화도 있지 않은가. 막연히 10억은 있어야 마음 편히 퇴사할 수 있을 것 같았다.

당시는 한창 비트코인 투기 열풍이 불 때였다. 주위에서 비트코인으로 수십, 수백 배의 수익을 거뒀다는 얘기가 심심치 않게 들렸다. 빨리 돈을 모아서 이 고생길에서 탈출하고 싶은 마음뿐이었던 나는 아무것도 모른 채 겁도 없이 비트코인 시장에 뛰어들었다. 처음에는 적은 액수로 시작했는데 한번 재미를 보고 나니 욕심이 생겼다. 투자금을 늘려야겠다고 생각해 마이너스 통장 1억 원을 뚫어서 무리하게 투자(사실상 투기)를 했다. 몇 번의 굴곡이 있었지만 결국 단기간에 다섯 배의 수익이 났다.

주변 사람들은 '그 돈이 어디냐' '이제 그만하는 게 좋겠다' '원금만이라도 거두는 게 안전하지 않겠냐'고 했지만 이미 돈에 눈이 먼 나는 아직 아니라며, 내 목표는 10억이라고 고집을 부렸다. 철도 없이 계속해서 "가즈아!"를 외쳤다. 이제 와 고해성사를 하자면 사무실에 업무용 모니터가 두 개 있었는데, 한참 미쳐 있을 때는 한 모니터에 코인 현황판을 열어 두고 일하기도 했다.

이런 내 탐욕을 하늘이 벌한 걸까. 투자 수익이 5억 원을 찍은 후로 비트코인이 급격히 하락하기 시작했다. 중간에라도 그만뒀으면 웬만큼 수익을 거뒀을 텐데, 탐욕에 이성을 상실한 나는 어차피 다시 오를 거라고 맹신했다. 끓는 물에 개구리를 넣으면 팔짝 뛰어 벗어나지만, 개구리를 물에 넣은 채로 서서히 물 온도를 높이면 가만히 있다가 익어 죽는다는 말이 있다. 내 꼴이 딱 그랬다. 투자금이 서서히 줄어드는 동안 아무 조치도 취하지 못했고, 결국 투자 수익은 물론 원금까지 까먹어서 1억 원에 가까운 손해를 보게 됐다.

망하고 나서야 자유로워졌다

사회 초년생이 1억이라는 어마어마한 빚을 지게 됐다. 아무리 고액 연봉을 받는 로펌 변호사라지만, 앞으로 2~3년은 더 일하면서 갚아야 회복 가능한 금액이었다. 매월 부모님께 용돈을 드렸는데, 이 상황을 말도 못 하고 애만 태웠다. 투자 당시 친구들에게 우스갯소리로 "잘되면 한강변 아파트에 들어가고 아니면 한강에 가야 한다"는 말을 했었는데, 그때는 정말 한강에 뛰어들고 싶은 심정이었다. 이 빚을 어떻게 갚아야 할지, 앞으로 어떻게 살아가야 할지 너무 막막했다. 10억을 벌어서 고생길에서 벗어나려고 했는데, 반대로 빚을 갚기 위해 한참을 더 고생해야 했다. 혹 떼려다 혹 붙인 격이었다. 어리석은 인간의 인생이란…….

평소 '멘탈 갑'으로 불리던 나지만, 당시의 상황은 감당하기 참 어려웠다. 마치 현실 도피라도 하는 것처럼 인간의 정신이나 인생의 본질을 담은 책을 정말 많이 읽었다. 그러면서 내 탐욕과 집착을 발견했다. 충분한 월급에 만족하지 못하고 더 큰 돈을 벌기 위해 탐욕을 부리다가 화를 당한 것이었다. 돌이켜 보니 투자로 수익을 거둘 때도 '수익률이 더 높은 것에 투자했다면 더 많이 벌었을 텐데' 하는 생각에 마음이 편안했던 적이 한 번도 없었다.

그런데 쫄딱 망했는데도 막상 계좌 잔액 앞에 단지 마이너스라는 부호가 붙어 있다는 점, 앞으로 로펌에서 더 일하면 그 금액이 조금씩 줄어들 거라는 점 말고는 아무 일도 일어나지 않았다. 당시 읽었던 소설《그리스인 조르바》에는 주인공이 탄광 사업에서 망했을 때 오히려 자유를 느끼는 등 희열을 맛보는 장면이 나오는데, 내가 겪는 감정이 그와 비슷했다. 이 일로 내 안에 있던 탐욕과 집착이 모두 씻겨 내려가는 것처럼 개운해졌다. 언제든 다시 맨땅에서 일어설 수 있을 것 같았다. 행복감과 평화는 외부의 조건이 아니라 내 마음에 달려 있다는 사실을 비로소 깨달았다. 망하고 나서야 오히려 더 자유로워진 것이다. 자유라는 건 얼마나 많이 가졌느냐가 아니라 자신이 가진 것을 얼마만큼 버릴 수 있느냐에 의해 결정된다는 생각이 들었다.

수업료가 크긴 하지만 정말 소중한 깨달음이었다. 마음이 한결 편해지니 아이러니하게도 회의감이 들던 로펌 생활도 나름 만족스럽게 느껴졌다. 동시에 언제 사라질지 가망이 없던 빚도 서서히 줄어들었다.

죽음에 대해 생각하다

실패가 가져다준 뜻밖의 기회

내가 비트코인에 투자했었다는 사실이 로펌 사람들에게까지 퍼졌다. 이후 그 분야에 조금의 지식과 경험(?)이 있다는 이유로 암호 화폐 관련 사건이 배당되기 시작했다. 인생만사 새옹지마라 했던가. 저연차 변호사가 전문화를 이루는 것은 굉장히 어려운 일인데, 투자 실패 경험 덕에 어느 순간 암호 화폐와 블록체인 쪽으로 확실한 전문 분야가 생긴 것이다.

그러던 중 한 형사 사건이 배당됐다. 사건의 구체적인 내용을 다 적을 수는 없지만 대략적으로 설명하자면, 벤처 회사의 대표였던 의뢰인이 이렇다 할 수익 없이 수년간 기술 개발을 해 오다가 ICO(Initial Coin Offering, 암호 화폐를 발행해서 그 판매 대금으로 투자금을 확보하는 것)를 알게 되고, 그 ICO를 도와주는 액셀러레이터를 소개받아 함께 프로젝트를 진행하던 중 수익을 분배하는 과정에서 문제가 생긴 사건이었다.

의뢰인과 상대방이 서로를 고소하며 분쟁이 시작됐다. 의뢰인은 회사의 명운이 걸린 사건인 만큼 불안한 마음에 하루에도 몇 번이나 나에게 연락했고, 여러 차례 경찰 조사에 동행했다. 아무래도 선배들이 암호 화폐 관련 배경지식이 적다 보니 어쏘인 내가 다른 사건보다도 더 주도적으로 일을 처리했는데, 당시 담당하고 있던 수십 건의 사건 중에서도 가장 부담이 컸다.

사건을 진행하면서 의뢰인이 하고자 하는 사업의 비전, 개발 중인 기술의 우수성과 실용성 등에 대해서도 많은 이야기를 나눴다. 기술적인 부분은 잘 이해하지 못했지만 귀 기울여 열심히 들었다. 의뢰인은 일 얘기를 할 때면 흥분한 듯 말이 빨라졌고 눈은 초롱초롱 빛났다. 자기 사업에 있어서만큼은 누구보다 열정적인 사람이었다.

나는 지금 잘 살고 있는 걸까

한창 연이어 조사를 받던 중, 모처럼 시간 여유가 생겨 여자 친구와 데이트를 하는 날이었다. 그런데 갑자기 의뢰인의 동생에게 연락이 와서는 의뢰인이 사망했다는 비보를 전했다. 도저히 믿기지 않았다. 불과 며칠 전만 해도 같이 조사를 다니며 서로 농담도 하면서 어려운 상황을 잘 헤쳐 나가자고 다짐했었는데 사망이라니. 의뢰인의 모습, 함께 나눈 이야기들이 생각나며 마음이 어지러웠다.

다음 날 로펌 사람들과 함께 장례식장에 찾아갔다. 의뢰인의 영정 사진과 유족들의 얼굴을 보면서 '변호인으로서 그가 힘든 상황을 이겨 낼 수 있도록 좀 더 다독이고 희망을 줬다면 어땠을까' 하는 죄책감이 들기도 했다. 아마 그가 죽기 전 한동안 가장 많이 연락하고 얘기를 나눈 사람이 내가 아니었을까?

그가 죽은 후에도 몇 가지 해야 할 일이 있었다. 진행 중인 사건을 어떻게 처리할지 유족들과 논의하고, 수사 기관에 그의 죽음을 알렸다. 고소 건은 사실상 증명할 사람이 없어 진행이 불가했고, 피고소 건은 그의 사망으로 '공소권 없음' 처리됐다. 그의 죽음으로 관련된 일련의 사건이 업무 목록에서 지워지며 일거리가 줄어들었다. 하지만 그의 죽음에 대한 혼란스러움은 더욱 커져만 갔다.

의뢰인과 원래 알던 사이도 아니고 그에 대해 모르는 부분이 훨씬 많지만, 그의 갑작스러운 죽음은 나에게 너무나 큰 충격으로 다가왔다. 아직 젊은 나이에, 자기 사업을 본격적으로 펼칠 나이에 죽음을 맞이했다는 것이 너무나 허망하게 느껴졌다. 주변 사람들은 그런 나를 다독이고 위로했지만 어떤 말도 와닿지 않았다. 내가 느낀 충격을 아무도 알아주지 못한다는 외로움마저 느꼈다.

그런데 어느 순간, 내가 그토록 충격을 받은 건 그의 죽음에 내 상황을 이입해서인지도 모르겠다는 생각이 들었다.

'내가 그처럼 젊은 나이에 사망한다면…….'

이런 생각이 머릿속에서 멈추지 않았다. 가까운 곳에서 죽음을 목격하면서 비로소 죽음에 대해 진지하게 생각해 보게 된 것이다. "지금 죽어도 여한이 없다!"라고 자신 있게 말할 수 있는 사람은 거의 없을 테지만, 그럼에도 불구하고 지금 내가 죽는다는 것을 상상하니 너무나 억울하고 심지어 분한 기분까지 들었다. 뜻하지 않은 죽음이 갑자기 닥쳐올 수도 있다는 생각에 마음속에서 불안감이 생겨났다. 그 계기로 내 삶에 대해 다시 생각해 보게 됐다. '성공이 인생의 전부인가' '나는 지금 행복한가' '지금 죽어도 후회 없을 정도로 잘 살고 있나'라는 의구심이 점점 커졌고, 그 질문에 대한 답을 찾고 싶다는 생각이 강해졌다.

자발적 백수가 되기로 했다

남부러운 삶이 아닌 내가 원하는 대로

당시의 내 인생 상태를 보자면 결코 남부럽지 않은 삶이었다. 대형 로펌 4년 차 변호사에 억대 연봉, 서울 강남 한복판의 건물에서 일하고 있으며 그 근처에 집도 있다. 부모님도 무척 자랑스러워하시고 친구들의 부러움도 한 몸에 받고 있다. 이대로만 간다면 점점 연차가 쌓이며 연봉도 높아질 테고 소위 말하는 상류층에 편입될 수 있겠지. 물론 이대로만 간다면 말이다. 많은 사람의 삶의 목표가 부와 명예, 성공을 좇는 거라면 내 인생은 다수의 사람들이 바라는 방향으로 잘 나아가고 있는 것이리라.

로펌에서 큰 문제없이 마음 맞는 사람들끼리 잘 지냈다. 오히려 고마운 일이 많았다. 할머니가 돌아가셨을 때는 친한 동료가 직접 로펌 사람들에게 메일로 조부모상을 알리고 먼 지방 장례식장까지 찾아와 줬다. 브런치에 글을 쓰기 시작했을 때도 찾아와 구독을 누르고 응원해 주는 동료들도 많았다.

그런데 왜 이렇게 공허하고 허무한 걸까. 이런 삶을 성실히 버텨 낸다면 큰 보상이 따르겠지만 아무리 생각해도 10년 뒤, 20년 뒤의 그런 내 모습이 그려지지 않았다. 내가 정말 그걸 바라는지조차 알 수 없었다. 로펌에서의 삶이 누군가에게는 부럽고 멋있어 보일지는 몰라도, 나에게는 맞지 않는 옷을 입은 것처럼 거추장스럽고 불편했다. 좀 해졌더라도 나에게 꼭 맞는 옷을 입고 살고 싶었다.

로펌에 내가 유독 좋아하는 선배가 한 명 있었다. 짜증스럽고 힘든 일이 많을 텐데도 항상 밝게 일하며 다른 사람들을 잘 챙기는 선배였다. 한번은 그 선배와 밥을 먹는데, 선배가 너무나도 행복한 표정으로 "로펌 생활하면서 제일 행복한 게 뭐예요?"라는 질문을 했다. 그 말을 듣자마자 머리에 망치를 맞은 것처럼 띵했다. 로펌 생활을 진심으로 행복해하는 선배의 모습과, 꿀 먹은 벙어리처럼 아무 대답도 하지 못하는 내 모습이

겹쳐지면서 그제야 다들 먹고살기 위해 참고 사는 게 아니라는 걸 알았다. 로펌이 문제가 아니라 내가 이곳에 맞지 않는 것뿐이라는 사실을 확실히 깨달았다.

세계를 제패한 알렉산더 대왕과 거리에서 거지처럼 살던 통속의 철학자 디오게네스의 유명한 일화가 있다. 알렉산더 대왕이 디오게네스를 찾아가 "나는 알렉산더 대왕이다"라고 말을 걸자, 디오게네스가 당당하게 "나는 개다"라고 말하면서 햇빛 가리지 말고 비키라고 했다는 이야기다.

알렉산더 대왕을 동경하는 사람과 디오게네스를 동경하는 사람 중 나는 디오게네스를 동경하는 아이였다. 어릴 때부터 나만의 확고한 세계가 있었다. 복잡한 현실에 적응하는 논리나 세속적인 것보다는 인생의 본질에 대해 논하는 것을 좋아했다. 부와 명예보다는 자유와 주체성이 더 중요한 가치였고, 남부러운 삶을 사는 것보다도 내 욕망이 이끄는 대로, 내 방식대로 삶을 운영하고 싶었다. 내 껍데기는 다수가 원하는 삶을 살고 있었을지라도 그 안에 있는 진정한 나는 정해진 길에서 벗어나고자 하는, 말하자면 뼛속까지 디오게네스의 피가 흐르는 사람이었던 것이다.

내 방식대로 살아 보자

그러던 중 헨리 데이비드 소로의 《월든》(은행나무, 2011)을 읽었다. 하버드 대학을 나온 수재였던 소로가 '월든'이란 이름의 호숫가에 통나무집을 짓고 2년 동안 자급자족하며 그 생활을 기록한 책인데, 책 속의 문장이 내 머리를 탁 쳤다.

> "내가 숲 속으로 들어간 것은 인생을 의도적으로 살아보기 위해서였으며, 인생의 본질적인 사실들만을 직면해보려는 것이었으며, 인생이 가르치는 바를 내가 배울 수 있는지 알아보고자 했던 것이며, 그리하여 마침내 죽음을 맞이했을 때 내가 헛된 삶을 살았구나 하고 깨닫는 일이 없도록 하기 위해서였다."
>
> "젊은이들이 당장에 인생을 실험해보는 것보다 사는 법을 더 잘 배울 수 있는 방법이 있겠는가?"

나는 변호사로서 해박한 법 지식으로 의뢰인의 인생을 도왔지만, 정작 내 인생을 사는 법에 대해서는 무지했다. 내가 무엇을 보고 듣고 싶은지, 어떤 걸 할 때 즐거운지, 어디에서 살고 어떤 이들과 어울리고 싶은지 알지 못했다. 그저 세상 사람들이 말하는 방법과 기준에 순종하면서 그 길을 걸어왔을 뿐이었다.

사실 2~3년만 더 버티면 로펌의 지원을 받아 유학을 갈 수 있었다. 말이 유학이지 변호사에게는 황금과 같은 기회로, 그간의 고생에 대한 대가로 휴식을 취하고 여행을 다닐 수 있는 시간이었다. 퇴사를 고민한다고 했을 때도 선배들은 조금만 참으라며 말렸다. 물론 유학을 하면서도 내 삶을 어떻게 살아야 하는지 고민하고 연습할 수 있었다. 하지만 언제 있을지 모르는 기회를 더 이상 놓치고 싶지 않았다. 그래서 소로가 그랬던 것처럼 이제부터라도 내 인생을 건 실험을 해 보기로 했다. 당분간, 딱 1년만이라도 세상의 법이 아니라 나만의 법을 찾아 온전히 그 법대로 살고 싶었다. 나는 미련 없이 대형 로펌을 떠났다.

로펌에서의 3년은
다시는 얻지 못할 귀중한 경험이었다.
힘든 일도 많았지만
그만큼 성장하고 단단해졌다.
하지만 이제는
세상이 말하는 정답이 아닌
나만의 답을 찾고 싶었다.

2장

삶의 싱크를 맞춘다는 것

싱크가 맞는
삶을 위해

빌딩숲 강남에서 옛 동네 서촌으로

로펌에서의 마지막 금요일. 전체 방을 돌며 사람들과 인사를 나누고 환송회를 마친 뒤 집으로 돌아왔다. 재판이나 출장 일정 등으로 미처 인사를 하지 못한 동료들의 전화까지 받고 나자 그제야 피곤함이 몰려왔다. 이제 로펌과는 진짜 안녕이구나. 그러나 그대로 누워 쉴 수 없었다. 다음 날 바로 이사를 하기로 했기 때문이다.

로펌에 다니는 3년 동안 강남의 빌딩숲 속에서 살았다. 정확히는 로펌과 5분 거리인 삼성역 부근의 오피스텔이었다. 처음에는 "여기 사람 사는 동네 같지 않은데" 하며 삭막한 도심의 분위기에 겁먹었지만 이내 적응했다. 어차피 집에서는 잠만 자다시피 하고 대부분의 시간을 로펌에 있었기에 이러나저러나 상관없기도 했다.

그곳의 모든 것이 기억난다. 사람 구경하기 좋아해 매일같이 가던 코엑스, 세계 맥주 축제 등 여러 재밌는 행사가 열리던 K-POP 광장, 산책을 좋아해서 자주 걷던 코엑스 둘레길, 주말에 피크닉 삼아 가던 봉은사…… 말하자면 끝이 없다. 특히 새벽까지 환하게 불이 밝혀 있던 고층 건물과 대형 광고판의 형형색색 광고를 보면서 '밤늦게까지 열심히 일하는 멋진 직장인'이라는 자아도취에 빠지기도 했다.

그 모든 것이 그리울 테지만 퇴사를 한 마당에 그곳에 더 있을 이유가 없었다. 강남 한복판 오피스텔의 월세와 관리비 등을 다 포함하면 100만 원이 넘었다. 백수가 됐으니 더 이상 그 금액을 감당하긴 어려웠고, 무엇보다 빽빽한 빌딩숲이 지겨웠다. 새로운 삶을 살려면 우선 사는 동네부터 바꿔야겠다고 생각했다.

돌이켜 보니 지금껏 내가 어떤 동네에서 살고 싶은지 생각해 본 적이 없었다. 부모님 집, 학교 기숙사 및 근처 자취방, 회사 근처 오피스텔 등 늘 본가나 학교, 직장 근처에 묶여서 살았을 뿐 내가 살고 싶은 동네에서 산 것이 아니었다. 그래서 퇴사 후 처음으로 어떤 동네에서 살고 싶은지 스스로에게 질문했다. 곰곰이 생각한 결과 거주지에 있어 절대 포기할 수 없는 중요한 요건은 아래 세 가지였다.

1. 그동안 살았던 빌딩숲 도심과는 달리 고즈넉하고 사람 냄새 나는 동네일 것.
2. 사람들이 놀러 오는 관광지일 것. 예전부터 여행을 다닐 때마다 여행지에 사는 사람들을 부러워했다. 매일 새로운 사람들이 유입되고, 그 덕에 거리에 활기가 도는 분위기가 좋았기 때문이다.
3. 산(특히 바위산)이 가깝게 보일 것. 그동안 많은 곳을 여행 다녔지만 라오스의 방비엥, 베트남의 사파, 페루의 쿠스코, 중국의 윈난 등 고산 지대에만 가면 이상하게 부모님 품에 안긴 아기처럼 마음이 편안해지고 좋았다. 그래서 산으로 둘러싸인 곳에서 매일 산을 보면서 그 기분을 누리며 살고 싶었다.

역세권인지, 교통 여건이 좋은지, 편의 시설이 잘 갖춰져 있는지 등은 고려 요소가 아니었다. 내 마음에 집중하니 원하는 게 무엇인지 쉽게 답이 나왔다. 위의 세 가지 조건을 따져서 여러 후보지를 검토한 끝에 서촌으로 가기로 결정했다.

서촌에는 상반돼 보이는 특성들이 섞여 독특한 분위기가 있었다. 개발이 제한돼서 그런지 한옥과 통인시장, 동네 마트, 과일 가게, 미용실 등을 보면 오래된 동네 같은 느낌이 들면서도 또 그 사이사이 현대식의 카페, 공방, 독립 서점, 꽃집, 갤러리 등이 섞여 있었다. 사람 사는 냄새가 물씬 풍기면서도 볼거리가 많은 여행지 같았다. 인왕산과 북악산이 어디서나 보이는 점도 좋았다.

서촌으로 이사했다고 하니 한 친구가 풍류가 넘치는 동네에 산다고 했다. 그도 그럴 것이, 겸재 정선의 그림에 등장할 정도로 조선 시대 때부터 절경으로 손꼽히던 명승지인 수성동 계곡이 집 바로 근처에 있었다. 예로부터 서촌에는 윤동주, 이상, 이중섭 등의 문인이나 예술가들이 많이 모여 살았다고 한다. 이런 풍류 넘치는 동네의 분위기 때문일까. 나는 로펌에 다니는 내내 불편하게 나를 옥죄던 정장을 벗어던지고 여유롭게 몸을 감싸는 생활한복을 입고 경복궁을 걸어 다니기도 하고,

수성동 계곡 암반에 앉아 물소리와 새소리를 들으며 명상을 즐기기도 했다. 이런 게 백수의 분수에 맞는 건지, 아니 오히려 백수일 때 이런 걸 즐겨야 하는 건지는 잘 모르겠지만, 나는 서촌에서 매일매일 풍류를 즐겼다.

해야 하는 일 말고 하고 싶은 일

처음에는 '휴가가 왜 이렇게 길지' 하는 느낌만 들 뿐 적응이 되지 않았지만, 몇 달이 지나면서 점차 마음이 여유로워졌다. 백수 생활을 하면서 새롭게 느낀 바가 있다면 '원래 시간이 이렇게 남아도는 것이었나?' 하는 점이었다. 갑자기 많아진 시간에 어찌할 줄 몰랐다. 예전에는 '킬링타임'이라는 말을 이해하지 못했다. 항상 바쁘게 살았기 때문에 '시간이 얼마나 소중한데 왜 그런 소중한 시간을 죽이는 거지'라는 생각을 했다. 하지만 백수 생활을 하며 그 말의 존재 이유를 알게 됐다. 시간이 너무 남아돌아서 죽이지 않고서는 그 지루함을 도저히 감당하기 어려웠던 것이다.

이제껏 한 번도 빈둥거린 적 없이 숨 가쁘게 달려온 것 같다는 생각이 들었다. 학창 시절에는 대학 입시를 위해, 대학생 시절에는 희망 학과로의 전과와 로스쿨 준비를 위해, 로스쿨 시절에는 대형 로펌 컨펌과 변호사 시험 합격을 위해 미친 듯이 달렸다. 로스쿨 때 잠시 휴학한 것 외에는 제대로 쉰 적이 없었고, 그 결과 서른 살이라는 이른 나이에 변호사가 됐다. 지금처럼 뭔가에 몰두하는 일이나 다음 스텝이 없는 백수 생활은 완전히 처음이었다.

나는 스스로 가만히 있는 시간을 허용하지 않았었다. 어렸을 때부터 '시간을 허투로 보내지 마라' '10분 단위로 시간 관리를 해라' '시간을 알차게 써라' 등의 말을 너무 많이 들었던 탓일까. 모범생이었던 나는 그 말을 잘 따르며 자랐다. 그렇게 열심히 시간 관리를 해서 남들이 알아주는 명문대에도 가고 변호사도 됐다. 나는 빈 시간을 조금이라도 만들지 않기 위해 테트리스 게임을 하는 것처럼 내 시간을 빈틈없이 가득 채웠다. 가만히 앉아 아무것도 하지 않는 시간이 쌓이면 인생이란 게임에서 망할 것 같았다.

로펌에 다니던 어느 날, 여느 때처럼 출근 준비를 하는데 특이한 경험을 했다. 샤워를 하는데 갑자기 시야가 어두컴컴하게 흐릿해지면서 샤워기에서 나오는 물의 촉감과 온도가 잘 느껴지지 않았다. 마치 꿈속에서 샤워를 하는 느낌이었다. 단순히 빈혈 증상이겠거니 하고 넘겼지만 그 후로도 가끔 흑백 영화를 보는 것처럼 사물이 흐리멍덩하게 보였다. 내가 무슨 행동을 해도 실제 행동 같지 않고 다른 사람의 뇌 속에 들어가 그 사람의 생활을 엿보는 것 같은 느낌이 들기도 했다. 뇌 어딘가가 고장 난 건 아닌가 싶을 정도였다.

영화에서 자막이 영상보다 빨리 나오는 등 속도가 일치하지 않는 경우를 '싱크가 맞지 않는다'고 표현한다. 내가 그랬다. 말하자면 '싱크가 맞지 않는 삶'을 살고 있었다. 머릿속으로 항상 그다음을 끊임없이 추구하면서 현재를 앞질러서 달려가려고 했다. 그래서 눈앞에 놓인 현재가 생동감 있는 현실로 다가오지 못하고 그에 집중하지 못했던 것이다. 아니면 아예 영상에 맞지 않는 뚱딴지 같은 자막을 틀고 있던 것일 수도 있다.

그래서 이제는 달라지기로 결심했다. 내 삶의 싱크를 맞추고 싶었다. 예전에는 업무적으로나 개인적으로나 '해야 하는 일을 시간에 맞춰 완수하는 것'에 병적으로 집착했고, 이를 다 완수하고 나면 그 안도감을 행복이라 착각했다. 하지만 이제는 여유를 갖고 '해야 하는 일' 말고 '내가 하고 싶은 일'을 찾기로 했다. 내 일과에서 해야 하는 일은 버리고 하고 싶은 일만 남졌다. 지금까지 해야 하는 일만 바라보며 바쁘게 살아왔던 삶과는 정반대로 살자고 다짐했다.

백수가 되고 나서야 비로소 보이는 것들

지금 이 순간에 충실한다는 것

백수가 된 이후 하루 루틴이 완전히 달라졌다. 알람 소리 없이 눈이 떠지는 대로 일어나서 간단한 스트레칭으로 몸을 풀고 차분히 명상을 했다. 신선한 과일과 빵으로 아침을 대신하고 도서관으로 향했다. 서촌에도 도서관이 있지만, 경복궁과 청와대 근처를 산책하기 위해 일부러 도보로 30분 이상이 걸리는 삼청동 쪽 도서관을 이용했다. 도서관에서는 로펌에 다닐 때부터 취미로 하던 것처럼 내 경험과 생각을 소재로 글을 썼다. 쓰고 싶은 만큼 실컷 쓰다가 해가 질 때쯤 다시 산책을 하며 집으로 돌아왔다. 손수 저녁을 만들어 먹고, 책이나 영화를 보고, 동네 구석구석을 돌아다니기도 했다. 아무것도 하기 싫은 날에는 굳이 뭔가를 하려 하지 않고 침대에서 뒹굴거리며 시간을 흘려보냈다.

그런 나날을 보내며 내게 일어난 가장 큰 변화는 주변이 보이기 시작했다는 것이다. 예전에는 머릿속에 가득한 생각 때문에 가끔 주위가 흐릿하게 보이고 현실감이 잘 느껴지지 않았는데, 이제는 주변이 또렷하게 보일 뿐만 아니라 예전에는 미처 보지 못했던 새로운 것이 보이기 시작했다. 어느 날은 산책 후 벤치에 앉아 쉬고 있는데 활짝 핀 벚꽃에서 꿀을 따 먹고 있는 새의 모습이 보였다. 인터넷에 찾아보니 컴퓨터 폴더명으로만 보던 직박구리인 것 같았다. 한참 동안 벤치에 앉아 조그만 새의 우스꽝스러우면서도 귀여운 모습을 멍하니 관찰했다. 숨 가쁘게 살아가던 예전의 나는 절대 발견하지 못했을 풍경이었다.

예전의 내 삶은 흐릿한 흑백 영화였지만 지금의 삶은 귀여운 직박구리가 카메오로 출연도 하는 해상도 높은 컬러 영화라는 생각이 들었다. 머릿속 생각과 눈앞의 현재가 점차 일치되는 것을 느꼈다. 그래서 지금의 내 삶이라는 영화에 예전보다 더 몰입할 수 있었다. 싱크가 맞는 삶은 어쩌면 지겹도록 들었던 '카르페 디엠(carpe diem, 지금 이 순간에 충실하라)' '시즈 더 모먼트(seize the moment, 순간을 잡아라)' 등의 교훈과 같은 것일지도 모르겠다. 분명한 건, 이 변화야말로 내가 백수 생활 한 달 차에 얻은 가장 소중한 선물이라는 점이었다.

적당한 먹고사니즘의 추구

지금까지 낭만적인 이야기만 했지만 '그래서 어떻게 계속 그렇게 살아?' 하며 경제적인 부분을 궁금해하는 사람도 있을 것이다. 내가 모두가 부러워하는 돈 많은 백수도 아니고……. 이쯤에서 내가 어떻게 생활하고 있는지 중간 점검을 해 봤다. 월마다 쓰는 비용을 대략 정리하니 월세, 식비, 데이트 비용 등 월 180만 원 정도였다. 정확한 금액은 아니지만 한 달 동안 내 한 몸 건사하는 데 대략 이 정도 돈이 들었다.

돈을 많이 벌면 버는 대로 소비 수준이 높아진다고 하지만 사실 로펌에 다닐 때도 그렇게 돈을 많이 쓰진 않았다. 우리는 생활을 유지하는 데 드는 비용과 소비 등을 크게 고려하지 않고 무조건 돈을 많이 벌려고만 한다. 돈이야말로 다다익선이 진리가 되는 대상이다. 그렇지만 가만히 앉아만 있어도 돈이 들어오는 건물주나 자본가가 아닌 이상 돈을 벌려면 일을 해야 하고 시간을 써야 한다. 돈을 조금이라도 더 벌기 위해 노력하지만 그 노력에는 대가와 희생이 따른다. 그렇게 돈을 버는 사람들을 많이 봤지만 꼭 돈의 액수와 행복이 비례하는 것 같지는 않다고 느꼈다. 편리하고 고급스러운 생활만이 행복한 삶을 보장하는 건 아니었다.

돈뭉치를 땅에 묻어 둔 게 아니라면 먹고사니즘은 계속될 수밖에 없다. 그렇지만 돈이란 게 교환의 대상이기 때문에, 내가 다른 사람들에게 어떤 유익을 준다면 그 대가로 돈을 벌고 생활을 계속할 수 있을 것이다. 나는 그것으로 족하다. 중요한 건 돈을 얼마나 많이 버느냐가 아니라, 보람을 느끼며 돈을 벌고 그 돈으로 어떠한 생활을 영위할 것이냐이니까.

생활한복 입고 등산하는 변호사, 아니 백수

정장 대신 생활한복을 입다

"정장에 넥타이를 멋지게 매고 건물에 들어설 때 나는 비로소 로펌 변호사가 된다."

이 오글거리는 말은 로펌 입사 첫날 회식 때 한 선배가 했던 말이다. 당시 넥타이도 안 하고 후줄근한 셔츠 차림이었던 신입 사원인 나에게는 굉장히 눈치가 보이는 말이었다. 신입 사원이 넥타이도 안 매고 있다니. 선배들 눈에는 이상하게 보일 수 있겠다는 생각이 들었다.

예전과 달리 요즘은 문화가 많이 바뀌어서 복장에 규제를 두지 않는 회사도 많지만, 내가 몸담고 있는 법조계는 유독 보수적인 집단이기 때문에 엄격하게 정장 차림을 고수했다. 여름에도 셔츠 위에 재킷까지 다 갖춰 입었다(일단 셔츠가 젖은 채로 아침을 시작한다). 직장가에서 여름에도 완벽한 정장 차림으로 돌아다니는 사람들을 보면 변호사로 추정할 정도였다.

원래도 포멀한 옷은 별로 좋아하지 않는데 정장은 더 갑갑했다. 무엇보다 나에게는 정장 자체가 어울리지 않았다. 어린 아이가 아빠 옷을 입은 것처럼 뭔가 부자연스러워 보였다. 정장은 뭐랄까, 사람들 개개의 개성과 색깔을 말살하고 똑같은 복장 안에 끼워 맞춘 느낌이었다. 넥타이란 놈은 정장보다 더해서 목에 매고 있노라면 숨이 턱 막혀 오면서 누가 날 조르고 있는 기분이 들기도 했다. 정장과 넥타이는 어쩌면 개인의 개성보다는 조직의 논리가 우선되는 회사 생활의 단면을 보여주는 상징일 것이다.

18세기 말~19세기 유럽과 미국의 귀족 복장, 특히 파티에서 입었던 연미복에서 비롯됐다는 정장과 30년 전쟁 때 크로아티아 군인들이 목에 두른 손수건에서 유래했다는 넥타이를 21세기 대한민국의 직장인이 왜, 그것도 근무할 때 불편하게 입고 있는 것인지 알다가도 모를 일이다.

그래도 당시에는 잠자코 정장을 입었다. 정장 대신 편한 옷을 입고 일하면 업무 효율성이 20퍼센트는 더 오를 것 같다고 속으로 생각하면서, 업무 시간 후 저녁에는 로펌과 5분 거리인 집에 들러 편한 평상복으로 갈아입고 다시 사무실에 와서 야근을 하곤 했다. '로펌에 다니면서 맞지 않는 옷을 입은 것 같았다'는 표현은 비유를 넘어 실제였는지도 모른다.

하지만 백수가 된 마당에 일정이라곤 도서관에 가서 매일 글을 쓰는 것뿐이었다. 정장을 입을 일은 전혀 없었다. 그래서 매일같이 편하게 입을 옷이 없나 하며 인터넷을 검색하다가 우연히 생활한복을 알게 됐다. 사기 전에는 이걸 입고 다니면 사람들이 이상하게 쳐다보진 않을까 고민했는데 일단 사서 입어 보니 이만한 선택이 없었다. 불편한 셔츠와 목을 죄는 넥타이가 나를 구속하던 것과는 반대로, 몸을 여유롭게 감싸는 핏과 통풍이 잘되는 면이 내 몸과 정신을 완전히 해방시켜 줬다. 한번 생활한복을 입고 나자 몸에 착 달라붙는 옷을 예전에는 도대체 어떻게 입고 다녔는지, 이제 다시 그런 옷을 입을 수 있을지 상상이 되지 않았다.

혹시라도 이 글을 읽고 생활한복에 혹하는 사람들을 위해 조언하자면, 생활한복을 입고 다니면 사람들 사이에서 무지 튄다는 점을 각오해야 한다. 생활한복을 입고 거리를 활보하면 힐끗힐끗 사람들의 시선이 느껴진다. "저거 생활한복 아니야? 크크" 하는 소리도 자주 듣게 된다. 나는 아침마다 서촌에서 경복궁 뒤 청와대를 지나 삼청동 쪽 도서관으로 출근하는데, 그 길에 서 있는 수많은 경비대원들로부터—다른 사람들에게도 그런지는 잘 모르겠지만—"어디 가십니까?" "혹시 1인 시위 하십니까?"라며 자주 검문을 당하기도 한다. 가장 웃겼던 반응은 생활한복을 입고 독서 모임에 나갔는데 한 친구가 대뜸 "요즘 택견 배우세요?"라고 한 것이었다. 집 근처 인왕산에 오래된 택견 수련터가 있다는데 이참에 택견이라도 배워야 하나.

취미 생활도 마음이 끌리는 대로

로펌에서는 대부분 취미로 골프를 쳤다(취미가 아니라 일로 느껴질 때도 있겠지만). 사내 골프 대회도 종종 열렸고, 연차가 올라갈수록 고객들과 같이 골프를 치는 자리도 많아졌다. 그래서 선배들은 웬만하면 신입 때부터 골프를 미리 배워 두라고 조언했다. 또 골프는 식사 자리에서도 누구나 좋아하는 단골 대화 소재였다. 사람들은 어느 프로 골퍼가 무슨 대회에서 우승했다더라, 사내에서 누가 골프를 잘 친다더라 하는 이야기부터 좋다는 골프 장비나 강습 등에 대한 이야기를 즐겨 했다. 골프에 대해 조금도 모르는 나에게는 적당히 듣는 척하면서 조용히 맛있는 걸 독차지하는 시간이었다. 나 역시 골프를 배우지 않겠느냐는, 어차피 나중에 배워야 한다는 말을 여러 차례 들었지만, 나는 골프를 배울 생각이 없다고 일찌감치 공표해 둔 상태였다. 입사 초기에는 나처럼 골프를 배우지 않으려는 동료들이 몇몇 있었지만 하나둘씩 골프를 시작해서 나중에는 골프를 치지 않는 어쏘가 거의 나뿐이었다.

골프를 배우지 않았던 건 어떤 대단한 이유가 있어서라기보다 그냥 마음이 끌리지 않아서였다. 퇴근 후 내가 좋아하는 것을 할 시간도 부족한데 그다지 끌리지도 않는 골프를 배우려면 또 내 시간을 골프 강습에 할애해야 하고, 장비도 사고 강습도 들으려면 돈도 많이 들 것이었다. 무엇보다 나는 자연을 좋아했는데, 골프장처럼 인위적으로 꾸며진 자연보다 좀 더 있는 그대로의 자연 속을 걷는 것이 좋았다.

그래서 등산을 즐겨 했고 지금도 그렇다. 등산 장비를 갖추고 정상 등반을 즐기는 프로 등산러는 아니고, 사실 등산 모임에 나가도 항상 뒤처져서 꽁무니를 겨우 따라가는 저질 체력에 가깝다. 그냥 적당히 편안한 옷차림으로 물 한 병 들고 숲 둘레길을 여유롭게 걷는 게 좋고, 나에게는 그게 더 맞는 것 같다.

무엇보다 등산을 가도 꼭 정상에 올라야겠다는 생각이 딱히 없다. 오히려 여유롭게 능선을 걷다가 가슴에 담아 둘 장면을 보게 되는 경우가 더 많았다. 더러는 걷다가 바위에 앉아서 명상을 하는데, 눈을 감으면 바람 소리와 새소리가 들려 오니 일부러 명상 음악이나 자연 ASMR을 들을 필요가 없다. 정상을 찍고 내려오는 등산보다는 좀 지루할지 모르지만 여유롭게 능선을 타는 등산이 우리네 인생과 더 비슷하지 않나 하는 생각도 든다.

이유는 필요 없다, 재밌으니까

몇 년 전 인터넷에서 재밌는 도표를 본 적이 있다. '품위'와 '간지'라는 두 축으로 세상에 있는 여러 취미를 배치해 놓은 표였다. 꼭 이런 도표가 아니어도, 인터넷에서 사람들이 "어떤 취미를 가질까요?"라고 물어보는 글을 볼 때가 많다. 사람들은 자신의 취미를 결정할 때도 다른 사람들이 내 취미를 어떻게 생각할지를 생각하고 따지는 것일까.

그러나 취향은 각자 생겨 먹은 대로 다 다르다. 그래서 취미도 다를 수밖에 없다. 남들이 어떻게 생각하든 자기가 마음에 드는 것을 마음에 드는 대로 하면 된다. 이런 측면에서 영화 〈족구왕〉의 주인공 홍만섭이 좋은 참고가 된다. 홍만섭은 군대를 다녀온 대부분의 성인 남자가 그러하듯 군대에서 주구장창 족구를 했는데, 전역 후 복학을 한 다음에도 정신을 못 차리고(?) 족구에 미쳐 있다. 심지어 총장에게 캠퍼스에 족구장을 만들어 달라며 '족구 하는 소리'만 하고 있다. 족구라 하면 자동으로 땀 냄새가 연상될 정도로 비인기 취미가 아닌가. 앞에서 말한 취미 도표에 족구는 아예 있지도 않다.

홍만섭이 좋아하는 서안나도 이런 세상의 인식을 대변하듯 홍만섭에게 "족구가 재밌건 말건 여자들은 싫어해요."라고 말한다. 이에 홍만섭은 대답한다.

"남들이 싫어한다고 자기가 좋아하는 걸 숨기고 사는 것도 바보 같다고 생각해요."

공무원 시험 장수생인 선배 형국도 진로에 대한 고민 없이 족구에만 미쳐 있는 홍만섭에게 도대체 이해되지 않는다는 듯 묻는다. "홍만섭, 너한텐 족구가 뭐냐?" 이에 홍만섭은 또 이렇게 대답한다.

"……재밌잖아요."

백수가 되고 나서 나는 정장 대신 생활한복을 입고, 골프를 치는 대신 산에 올랐다. 사회에 억지로 내 자신을 맞추지도, 누군가에게 잘 보이기 위해 꾸미지도 않고 있는 그대로의 내 모습대로 살아가는 것의 의미를 몸소 깨달았다.

〈족구왕〉의 홍만섭처럼 뭔가에 대해 "그걸 계속하는 이유가 도대체 뭐냐"란 질문에 "재밌잖아요"라고 짧게 대답할 수 있는 사람은 분명 행복한 사람일 테다. 나도 그런 사람이고 싶다. 그게 취향, 취미에 있어서 내 법대로 사는 모습이 아닐까.

여행 못 가도 괜찮아, 매일이 여행이니까

여행을 못 가니 좀이 쑤시네

백수 기간에 보통 여행을 많이 간다고 한다. 퇴사하고 세계 여행을 떠났다는 사람들이 항상 부러웠다. 여행 유튜브를 보며 나도 그런 시간이 생긴다면 꼭 여행을 가겠노라 다짐했었다. 그런데 막상 퇴사를 하고 백수 기간이 생겼지만 이놈의 코로나 때문에 여행을 가지 못하니 좀이 쑤시기 시작했다. 왜 하필 이때 코로나가…… 원망스러웠다.

나는 여행을 꽤나 좋아한다. 대학교 2학년 때 생애 첫 해외 여행으로 한 달간 대학 친구들과 유럽 배낭여행을 갔을 때 다른 세상을 탐험하는 여행의 맛을 본 후 틈만 나면 여행을 다녔다. 그 뒤로 라오스, 몽골, 치앙마이, 사파, 남미, 윈난 등 당시 한국인들에게 별로 유명하지 않은 여행지를 다녀와서 "나는 이런 곳까지 찾아 여행을 다니는 프로 여행러야"라고 뽐내는 것도 해 봤다. 그런 나를 보며 독설을 마다않는 한 친구가 우스갯소리로 "너는 사람들한테 자랑하려고 여행 다니지?"라고 했는데 사실 맞는 말이었다.

혹자는 여행을 두고 낭만주의적 소비라고 말한다. 어느 정도 공감하는 말이다. 우리는 여행지에서 돈을 탕진하고(또한 바가지를 당하고) 현실로 돌아와 또다시 탕진할 돈을 모은다. 여행은 탕진잼의 극치이다. 어떻게 보면 비합리적인 행동이다. 우리나라에도 좋고 멋진 곳, 맛있는 식당이 많음에도 우리는 어떤 경치를 보고 어떤 음식을 먹기 위해 지구 저편으로 날아간다. 우리가 원하는 건 좋은 경치, 맛있는 음식이 아니라 지금 이곳을 떠나 이국적인 느낌을 느끼는 것, 단지 그것이 아닐까? 나 또한 현실에 지칠 때면 어김없이 항공권 사이트에서 무작정 목적지를 정해 도피성 여행을 떠나곤 했다. 변호사 시험을 앞둔 로스쿨 3학년 여름방학 때도 주위 사람들의 만류에도 불구하고 여행을 떠났었다.

그만큼 여행을 좋아했기에 모처럼 시간이 생겼음에도 여행을 가지 못하는 상황이 더더욱 견디기 어려웠다.

어린아이의 눈으로 바라보면

밤길을 산책하면서 문득 하늘을 봤는데 별 몇 개가 눈에 들어온 적이 있었다. 요즘에도 별이 보이긴 보이는구나. 신기해서 한참 바라보고 있었더니 눈이 적응을 했는지 별이 하나둘 더 많이 보이기 시작했다. 그러더니 일자로 예쁘게 놓인 별 세 개가 눈에 들어왔다. 어릴 때 배운 것 같은데 기억이 나지 않아 인터넷으로 검색해 보니 오리온자리의 허리 부분이었다.

별을 본 것도 오랜만인데 육안으로 별자리를 발견하니 굉장히 새로웠다. 새삼 내가 이 광활한 우주 안에 한 명의 구성원으로 속해 있다는 경이로운 감정에 휩싸였다. 어릴 때 종종 밤하늘에서 별자리를 찾겠다며 눈에 불을 켜고 바라봤던 것 같은데. 자라면서 까맣게 잊고 살다가 불현듯 보게 된 것이다. 이렇게 고개만 들면 별자리를 볼 수 있는데 왜 진작 그러지 못했을까.

아이들은 별것 아닌 일에도 놀라고 즐거워한다. 어른들이 보기에는 '뭐가 그렇게 재밌지?'란 생각이 들 수도 있다. 그렇지만 아이들은 그 순간에 경이로움을 느끼며 몰입한다. 아이의 눈으로 살 수 있다면 이 세상에 널린 아름다움을 온전히 느끼는 기회를 잃어버리지 않을 것만 같다. 사실 그런 것이야말로 인생을 잘 살아가는 가장 중요한 능력일지 모른다.

그러나 우리는 어른이 되면서 어느 순간 그런 능력을 잃어버린다. 많은 지식을 머리에 넣고 많은 경험을 하고 여러 자극에 무뎌지면서 세상에 익숙해지기 시작한다. 그 익숙함은 편하기도 하지만 세상의 경이로움을 외면하게 만든다. 우리는 더 이상 놀라워하지도, 작은 것에 즐거워하지도 않는다. 그래서 크루즈 여행쯤은 가야 행복해질 수 있다고 생각(착각)한다. 사소한 것에서 즐거움을 느끼는 어린아이의 눈을 잃어버렸기 때문이다. 그런데 우연히 하늘에서 오리온자리를 발견한 날, 나는 어린아이의 눈을 조금은 되찾은 것 같았다.

매일매일을 여행처럼

여행지에 가면 사람들은 어린아이가 된다. 뭐든지 신기하게 보이고, 이 상점 저 상점에도 들어가 구경하고, 음식점에서 메뉴를 고를 때도 알 수 없는 글자로 써 있는 메뉴판을 보면서 이 메뉴는 어떤 맛일까 상상한다. 이렇게 우리는 여행을 할 때 잊고 있었던 어린아이의 마음으로 세상을 탐구하는 자세를 경험한다. 그런데 일상에서도 어린아이의 눈으로 주위를 보니 매일이 여행이 된 것 같았다. 매일 똑같이 걷는 동네임에도 계절과 날씨에 따라 달라지는 경치에 새삼 놀랄 때가 많았다. 길가의 어떤 상점이 눈에 들어와 구경하기도 하고, 새로운 식당에 가서 처음 보는 메뉴를 시켜 여행하는 느낌을 즐기기도 했다. 여행을 가지 못한 아쉬움이 아예 없다고 하면 거짓말이겠지만, 이런 경험을 즐기면서 지금도 충분히 여행하듯 살고 있다.

일상을 여행처럼 살다 보니 여행은 '행위'가 아니라 '태도'라는 생각이 들었다. 꼭 멀리 가지 않아도 우리 주변에는 관심을 갖고 살펴보면 얼마든지 보고 듣고 즐길 수 있는 것이 넘쳐난다. 유명한 관광지가 아니어도 충분히 아름답다. 게다가 자기만 아는 여행지이니 의미도 있다. 여행하는 태도를 갖지 못한 사람은 유명한 여행지에 가서도 시큰둥하게 되지만, 여행하는 태도를 가진 사람은 매일매일이 여행일 것이다.

어쩌면 우리에게 필요한 것은 새로운 곳으로 떠나는 비행기표가 아니라 당연한 것을 색다르게 볼 수 있는 시선일 것이다. 그렇게 볼 수 있다면, 비싼 비행기표가 굳이 필요하지 않을지도 모른다. 1년에 한두 번 여행을 갈 때만 그런 색다름을 느낄 수 있는 것이 아니라, 매일 아침 걷는 길의 새로움을 느끼고 저녁에 동네를 산책하며 '아, 이런 곳도 있었구나' 하면서 매일을 여행하는 기분으로 살 수 있을 것이다. 누구에게는 매일 똑같은 일상도 누구에게는 매일매일이 새롭고 다르듯이. 인생을 소풍에 비유한 〈귀천〉의 천상병 시인도 이런 마음을 말한 게 아닐까 싶다.

정답이 아닌
나만의 답을 만들어 가자

새로운 사람들을 만나다

백수가 되니 사람 만날 일이 없어져서 조금 외로웠다. 시간적 여유가 넘쳐 나는 백수일수록 오히려 이 시간을 활용해 밖으로 나가 사람들과 어울리고 이야기할 적기라고 생각했다.

이왕이면 다양하고 새로운 사람들을 만나고 싶었다. 대학교에서도, 로펌에서도 좋은 사람들을 많이 만났고 지금도 소중한 연을 이어 가고 있지만, 내 주위 사람들은 세상이 정한 정답대로 살아왔다는 점에서 나와 크게 다르지 않았다. 성향도 성취 지향적, 미래 지향적인 사람들이 많아서 대화를 나눌 때도 성취나 성공, 앞으로 다가올 다음 관문에 대한 준비 등에 대해 주로 얘기하곤 했다. 그래서 이 기회에 내 바운더리를 벗어나 좀 더 넓은 세상으로 나가 나와 내 주변과는 다른 다양한 사람들을 만나 보고 싶었다.

로펌을 퇴사할 때쯤 우연히 한 블로그에서 독서 모임 모집 공고를 봤다. 평소에도 책을 좋아했기에 한번 경험해 볼까 싶어 그때부터 독서 모임 활동을 시작했다(지금까지도 계속 활동 중이다). 모임을 같이하는 사람들과 한 달에 두 번씩 만나 여러 가지 주제의 책을 골라 그에 대해 이야기를 나눴다(코로나 이후에는 줌을 통해 모인다). 로펌 동료들과는 일 얘기나 로펌 얘기, 친구들을 만나면 맨날 하던 얘기만 하게 되는 경우가 많았는데, 독서 모임은 책을 기반으로 하다 보니 행복, 도전, 여행, 환경 등 의미 있는 주제로 깊은 대화를 나누기 수월했다. 더 나아가 재판 법정처럼 주인공에 대해 열띤 찬반토론을 펼치기도 하고, 자작시 낭독회 등의 자체적인 행사를 열기도 했다. 호기심에 신청한 독서 모임이었지만 이거 아니었으면 어떡할 뻔했나 싶을 정도로 백수 생활 때도, 지금도 일상의 활력이 된다.

뜻밖의 사람들로부터 귀중한 깨달음을 얻다

독서 모임에는 내 주변에는 거의 없는, 처음 보는 부류의 사람들이 많았다. 세계여행을 다녀온 후 오래된 여관을 빌려 국내외 젊은 배낭여행자들을 위한 게스트하우스로 개조해 운영하는 친구, 등산 모임을 운영하며 산속의 쓰레기를 치우는 환경보호캠페인을 펼치는 친구, 환경 문제에 관심이 많아 회사를 다니며 제로웨이스트숍을 준비하는 친구 등 정답만을 좇아왔던 나와는 다른 무언가를 가진 사람들이었다. 그들은 세상이 말하는 정답보다는 자신이 원하는 것, 의미 있다고 생각하는 방향을 향해 묵묵히 걸어가고 있었다. 겉으로 보기엔 화려하지 않을진 모르나, 자신만의 꿈과 방식대로 살아가며 각자의 자리에서 빛나는 존재들이었다. 같이 있으면 그들의 삶에서 풍기는 활기가 느껴지며 신선한 자극을 받았다.

한편, 오프라인을 넘어 온라인상에서도 브런치를 통해 꾸준히 글을 쓰면서 많은 작가 및 독자들과 소통했다. 유명한 작가는 아닐지라도, 다른 사람들의 글을 읽으며 저마다의 독자적인 경험과 귀한 생각을 느꼈다. 하나같이 보석처럼 빛나는 생생하고 솔직한 이야기였다. 마음이 통하는 사람들과는 필담을 나누거나, 실제로 만나 더 깊은 대화를 주고받기도 했다. 자신의 가치관대로 멋지게 살아가는 사람들을 만나며 몰랐던 것을 많이 배우고 깨달았다. 그러면서 덩달아 세상을 향한 내 시야도 넓어졌다.

자기만의 이야기를 만드는 것

나는 그동안 통념적 의미의 성공을 이루기 위해 달려왔다. 그 과정에 도움이 되는 것과 그렇지 않은 것을 극명하게 나누고, 도움이 되지 않는다고 생각하는 일은 무시했다. 부끄럽지만, 그런 것에 집착하는 사람들을 속으로 비웃을 때도 있었다. 그런 의미에서 나는 일기를 쓰거나 사사로운 순간을 기록하는 것을 이해하지 못했다. 현재 당면한 과제를 궁리하고 미래로 나아가기도 바쁜데, 이미 지나간 과거의 일을 기록한다는 게 쓸모없고 시간 낭비처럼 여겨졌다.

그런데 독서 모임에서 한 친구를 만나며 생각이 바뀌었다. 자신을 자칭 '기록맨'이라고 말하면서 경험한 일을 아주 세세하게 기록하는 친구였다. 누가 관심을 갖지 않더라도 혼자 매일 일기를 쓰고, 블로그에 꾸준히 자신의 기록을 쌓아 가고 있었다. 기록이라는 행위가 직업적으로 성공을 도와주거나 돈을 벌어다 주진 않을 텐데, 나로서는 그가 어떠한 동력으로 그런 수고를 기울이는지 궁금했다. 분명한 건 그는 기록한다는 것 자체를 진심으로 좋아했고 순수하게 행복해 보였다.

그에 비해 나는 어떨까? 기록 같은 건 당연히 하지 않을뿐더러, 공적인 일 외에 내 개인적인 생활에 대해 아주 무심했다. 가끔은 건망증에 걸린 것처럼 어제 뭘 먹었는지, 누구를 만났는지 등 사소한 일도 기억하지 못했다. 내 관심은 온통 내가 해야 할 일에 쏠려 있었다.

그런데 자신의 삶을 희생하면서까지 통념적인 성공을 이루거나 남들이 인정하는 사람이 되려고 애쓰는 게 과연 의미가 있을까? 내가 선택한 방식대로 묵묵히 걸어가며 스스로 만족하는 이야기를 만들어 가는 것만으로도 충분한 의미가 있지 않을까? 위인전이나 명작이 아니더라도 저마다의 삶과 이야기는 귀하고 소중하다. 적어도 자신에게만큼은. 나만 아는, 누구도 대신 기억해 주지 않는 내 삶의 순간순간을 소중하게 보듬고 기억하는 게 무엇보다 중요한 일인지도 모르겠다는 생각이 들었다.

그런 생각을 하며 3년치 일기장을 샀다. 일기를 쓰는 것은 초등학생 이후로 처음이라 무슨 말을 써야 할지 몰라 오늘 한 일을 몇 줄 끄적이는 게 다이지만, 그래도 꾸준히 일기를 쓰려고 노력한다. 누가 봐 주거나 공감해 주는 건 아닐지라도, 오늘도 자기 전 침대에서 일기장을 펴고 펜을 든다. 사소한 기록들이 차곡차곡 쌓여 훗날 빛나는 이야기가 될 거라고 기대하면서.

인생 제2막이 시작되다

나를 다시 찾아 준 고마운 의뢰인

퇴사 후 한창 백수 생활을 즐기던 중, 로펌에 다닐 때 담당했던 한 사건의 의뢰인에게서 연락이 왔다. 의뢰인이 고소한 상대 피의자에게 불기소 처분이 나왔고, 퇴사하기 며칠 전 이에 불복하는 항고 이유서까지 제출하고 퇴사한 사건이었다. 그 의뢰인도 내 퇴사 사실을 알고 있었다. 그런데도 나에게 연락해서 검찰에서 항고 기각 결정이 나왔다며, 법원에 이를 불복하는 마지막 절차인 재정 신청 건을 대리해 줄 수 있겠냐고 물었다.

의뢰인의 간곡한 요청에 여러모로 고민됐다. 사건을 맡으면 당분간은 전력을 다해 일에 매달려야 했고, 무엇보다 로펌에서 진행하던 사건인데 퇴사한 내가 맡게 되면 로펌 선배들과 서로 어색해질 수도 있었다. 하지만 엄밀히 말하자면 같은 사건을 위임 해지하고 새로 맡는 게 아니라 별개의 사건이고, 사건의 복잡한 사실 관계와 쟁점을 가장 잘 알고 있는 사람이 나였기에 고민 끝에 사건을 맡기로 했다. 로펌에서 무상으로 추가 절차를 진행해 주겠다고 했지만, 의뢰인은 로펌 측에 불복하지 않겠다고 거짓말하고 비용을 지불하면서까지 나에게 사건을 의뢰한 것이었다. 그런 의뢰인에게 고마움과 함께 책임감을 느꼈다.

이미 수없이 봤던 기록이지만 다시 꼼꼼히 읽고 의뢰인의 입장에서 억울한 점은 없는지 재차 살피면서 서면 작업에 착수했다. 재정 신청은 항고 기각 통지를 받은 날로부터 10일 이내에 서면을 제출해야 하기에 시간이 촉박했다. 나는 언제 그랬냐는 듯 여유로웠던 백수 생활은 잠시 접고 다시 열심히 일에 몰두했다. 로펌에 다닐 때처럼 조언을 해 줄 선배가 없어 불안하기도, 직원들의 도움을 받을 수 없어 하나부터 열까지 직접 하느라 골치가 아프기도 했지만 매일같이 고민하고 의뢰인과 의견을 나누면서 서면을 완성했다. 의뢰인은 완성된 서면을 읽더니 이렇게까지 신경을 써 줘서 감동했다며 진심으로 고마움을 표했다. 로펌의 이름이 아닌 내 이름으로 된 첫 서면을 제출하고 나니 마음이 뿌듯했다.

나에게 있어 변호사 일을 하는 데 가장 큰 원동력은 '의뢰인'이다. 물론 시도 때도 없이 연락하는 의뢰인, 변호사 말을 듣지 않고 독자적인 행동으로 사고를 치는 의뢰인, 심지어 자기 변호사를 속이려는 의뢰인 등을 만나면 힘들 때도 있지만, 그럼에도 가장 보람을 주는 존재 역시 의뢰인이다. 나는 저연차 변호사답지 않게 유독 나이, 성별 불문하고 의뢰인과 친하게 지냈다. 퇴사할 때 선배와 동료들이 환송해 준 것 못지않게 격려 인사를 전한 사람들도 의뢰인들이었다.

어렸을 때부터 누군가가 나에게 의지하고, 그 사람을 도와주는 것이 좋았다. 학업적으로 도움이 필요한 친구들의 문제 풀이를 돕기도 하고, 심리학을 전공한 이후로는 친구들의 고민을 상담해 주는 것도 좋아했다. 지금 생각해 보면 변호사가 된 것도—오지랖일 수도 있겠지만—타인을 도와주고자 하는 본능 때문이었는지도 모르겠다.

내 방식대로 일할 수는 없을까?

몇 개월간의 백수 생활은 나로 하여금 새로운 삶에 눈뜨게 했고, 나답게 살아가는 방식을 찾는 데 큰 도움이 됐다. 하지만 마냥 놀기만 하는 생활이 몇 달째 이어지다 보니 점차 무료해지고 매너리즘에 빠졌다. 계속 이렇게 유유자적한 삶을 살아도 될까. 역시 화장실 들어갈 때와 나올 때가 다른 게 인간이라더니 이상하게 마음이 허전했다. 간사하게도 여유로움을 즐기던 때를 넘어서 뭔가 다른 것을 갈망하게 됐다.

글을 쓰러 매일 도서관을 갈 때마다 청와대 앞에서 1인 시위를 하는 사람들을 많이 봤다. 광장의 아름다운 풍경 속에서 악을 쓰며 억울함을 토로하고 있었다. 그 사람들을 보면서 문득 내가 1인 시위를 했던 경험이 떠올랐다.

로스쿨 재학 중에 법무부가 기존 계획과 다르게 일방적으로 사법 시험 폐지 유예를 발표해 전국 로스쿨에서 단체로 대응한 적이 있었다. 언론 대응팀, 1인 시위팀 등 여러 팀으로 나뉘어 조직적으로 대응했는데, 당시 머리 쓰는 것보다 몸으로 때우는 것을 선호했던 나는 얼떨결에 1인 시위팀에 들어갔다(심지어 내가 시위하는 시간에 기자가 와서 인터뷰를 해 공중파 뉴스에도 출연했다). 추운 겨울날, 우리는 근처 카페에 진을 치고서는 교대로 법원 앞에서 피켓을 들고 1인 시위를 했다(2인부터는 집시법상 시위에 해당하기 때문에 사전에 신고해야 한다). 주위에는 하나같이 억울한 사정으로 1인 시위를 하는 사람들이 많았는데, 어느 날은 한 아주머니가 다가와서 멀끔한 청년이 여기서 시위를 하는 이유가 뭐냐고 물었다. 큰 대의는 없었던지라 배운 내용을 외우듯 취지를 말했는데 잘 이해하지 못했고, 아주머니도 내게 자신의 억울한 사정을 말했지만 나도 잘 알아듣지 못했다. 하지만 한 가지 확실한 건, 각자의 억울한 사정에 서로 공감을 했다는 것이었다.

억울한 사람들에게는 누군가 한 명이라도 자신의 이야기를 귀 기울여 들어 주는 것이 얼마나 고맙고 힘이 되는지 알고 있다. 그리고 거의 모든 분쟁은 법과 관련돼 있고 법을 통해 해결이 가능하다. 그런 생각이 스치며 마음에 어떤 불씨가 피어올랐다.

내가 남들보다 좀 더 가진 게 있다면 그건 그간 공부해 온 법 지식일 것이다. 사명감이나 소명의식은 솔직히 모르겠다. 그런 걸 논하기엔 나는 개인주의적이고 이기적인 사람이다.

내가 언제까지 변호사 일에 흥미를 가질지도 알 수 없다. 하지만 내가 가진 지식이 있는데 이걸 낭비하는 것은 너무 아까운 일이 아닐까. 내 지식을 누군가를 위해 쓰고 싶었다. 그런 생각 끝에 나는 그간 손을 놓았던 변호사 일을 다시 하기로 마음먹었다.

하지만 예전처럼 로펌에 다시 들어간다면 나와는 맞지 않는 삶이 반복될 게 뻔했다. 내 방식대로 살기 어려워질 게 분명했다. '이왕 내 방식대로 살기로 한 거, 일 또한 내 식대로 하면 어떨까?'라는 생각이 들었다. 그러기 위해서는 다른 곳에 소속되지 않고 독립해 법률 사무소를 개업해야 했다.

외부의 것이 아닌
오직 나에게 집중해
내가 어떤 사람인지 발견하고 알아 갔던 시간.
이제는 그렇게 찾은 나를
마음껏 펼쳐 나갈 때라고 생각했다.

3장

나만의 유일한 삶을 찾아서

남들과는 다른 시작을 선택한 이유

공유 오피스에서 법률 사무소를 개업한다고?

로펌에 다니면서 조직 생활에 염증을 느낄 때마다 '퇴사하고 개업을 하면 어떨까?' 생각한 적은 있었다. 그렇지만 더 깊이 들어가면 현실적인 벽에 부딪힐 수밖에 없었다. '혼자 개업하면 사건을 수임할 수 있을까?' '영업을 뛰어야 하나?' '사무실 비용을 어떻게 감당하지?' '과연 살아남을 수 있을까?' 등의 걱정이 끊임없이 이어져 지레 겁먹고 그만두곤 했다. 퇴사할 때까지만 해도 나에게 개업은 '언젠가 기반이 쌓이면 해 보자' 하는 막연한 옵션에 불과했다. 그랬던 내가 진지하게 변호사 개업을 마음먹은 것이다.

개업을 결심한 후 내가 바라는 법률 사무소의 모습을 생각해 봤다. 로펌에서 일할 때 비효율적인 시스템 등 바뀌었으면 하는 점이 많았지만, 무엇보다 일개 어쏘로서 정해진 규칙에 순응해 행동해야 하는 점이 늘 아쉽고 답답했다. 그래서 이왕 개업하기로 한 거, 이전부터 생각했던 점을 모두 반영해 내 방식대로 법률 사무소를 재구성하고 싶었다. 물론 수익이 없으니 비용을 줄여 간소하게 시작해야 하는 점이 무엇보다 중요했다.

첫 번째는 뭐니 뭐니 해도 사무실이었다. 사무실 외관이나 분위기는 의뢰인에게 이 법률 사무소가 괜찮은 곳인지 판단하게 하는 간판과도 같다. 이런 이미지 때문에 고정 비용이 가장 많이 들어가는 대상이기도 하다. 로펌에 다닐 때도 인테리어 공사를 크게 한 적이 있었는데, 한 선배가 인테리어 비용만 수십억 원이라며, 너희들이 일해서 메워야 한다고 우스갯소리를 할 정도였다.

물론 대형 로펌이라면 그 비용을 기꺼이 감당할 수 있겠지만, 조그만 법률 사무소는 그렇지 못한 게 현실이었다. 사무소를 개업하는 것도 마찬가지. 변호사 3만 명 시대에 사건을 한 달에 한두 건도 수임하지 못하는 변호사가 태반이라고 한다. 현실이 이런데 사무실 임대료는 한 달에 기본 수백만 원이고, 여기에 인테리어까지 더하면 그 비용은 수임료에 자연스레 반영될 수밖에 없다고 생각했다. 그래서 나는 고민을 거듭한 끝에 비용적으로 부담이 크지 않은 공유 오피스에서 단출하게 변호사 사무소를 개업했다.

겉모습보다 중요한 건 따로 있다

공유 오피스를 이용하면 몇 십만 원 수준에서 사무실을 얻을 수 있었다. 심지어 나는 각자의 방이 주어지는 프라이빗 오피스가 아니라 공용 라운지에서 자유롭게 앉아 일하는 핫데스크를 선택한 덕에 더욱 적은 금액으로 이용할 수 있었다. 어차피 재판이나 조사 참여 등 외부 일정이 많기 때문에 굳이 개인 방이 필요하지 않다고 생각했다. 열악한 부분이나 큰 불편함은 없었다. 오히려 일할 수 있는 모든 여건이 갖춰져 있었다. 전문 업체에서 관리하는 쾌적한 건물 환경, 의뢰인과 회의할 수 있는 많은 회의실, 완벽히 방음되는 폰 부스, 복합기 등의 각종 사무기기(각자의 계정으로 비밀화돼 있어 보안도 걱정 없다) 등등.

나는 있을 거 다 있는 저렴한 공유 오피스에 개업해 고정 비용을 대폭 줄였고, 그 결과 좀 더 합리적인 수임료로 사무실 운영이 가능해졌다.

의뢰인의 신뢰도가 떨어지지 않겠냐는 주위의 우려 섞인 목소리도 있었지만, 나는 소비자들 역시 보이는 이미지보다는 실질을 중요시하는 방향으로 바뀌어 가고 있다고 믿었다. 실제로 사무실에 방문한 의뢰인 중에는 생각했던 변호사 사무실의 이미지와 달라서 의아해하는 사람도 있었지만, 대부분의 의뢰인이 호의적이고 긍정적인 반응이었다. 공유 오피스에 개업했다고 해서 의뢰인이 싫어할 거라는 생각은 그야말로 기우였던 것이다.

게다가 현재는 코로나 때문에 활성화되고 있진 않지만, 공유 오피스 내 다른 이용자들과 네트워킹을 할 수 있는 기회가 많아 다양한 업계에 대한 이해를 키우면서 수임의 기회도 늘어날 것으로 기대하고 있다. 기존 법조계에서는 "변호사가 공유 오피스는 좀 그렇지 않아?" 등의 반응을 보이며 공유 오피스에서 개업하는 젊은 변호사에 대한 걱정스러움을 내비친다. 전통적인 관점에서는 이상해 보이거나 일반적인 방식은 아닐 수 있지만, 나와 같은 방식의 영업을 지향하는 초보 개업 변호사에게는 공유 오피스가 여러모로 좋은 대안이 될 수 있을 거라 생각한다.

쉬운 길은 아니지만
나아가는 힘

3無 변호사

공유 오피스에 법률 사무소를 개업한 것뿐만 아니라 그 외에도 내 식대로 준비한 게 많았다. 우선, 보통의 법률 사무소가 으레 하는 것을 모조리 없앴다. 이 역시 남들이 보기엔 다소 의아할 수 있는 부분이었지만, 개업을 준비하다 보니 일을 함에 있어 굳이 필요 없는 것이 생각보다 많았다. "단순하게 할 수 있는 것을 복잡하게 하는 것은 사치다"라는 철학자 오컴의 말을 깊이 새기고 사는 미니멀리스트로서 일에 있어서도 이런 성향을 적극 발현했다.

1. 직원

로펌에 다닐 때는 사무실에 갇혀 서면을 작성하거나 재판에 출석하는 일만 했다. 서면을 어떻게 제출하는지, 기록물을 어떻게 복사하는지 등 세세한 절차와 업무는 사무 직원이나 비서가 처리했기에 당시에는 몰라도 별문제가 없었다. 그래서 개업하고 첫 사건을 맡아 법원에 서면을 제출하러 갔을 때, 어디로 가서 어떻게 제출하는지 몰라 한참을 헤매기도 했다. 그제야 내가 실무 절차에 대해 몰라도 너무 모르고 있었다는 부끄러운 생각이 들었다. 그 후로는 직접 부딪치고 알아보고 배우고 익히며 실무 절차에 대한 이해를 높였다. 그러면서 사건을 전체적이고 유기적으로 처리하는 능력이 점차적으로 향상됐다.

물론 일이 너무 많아 정신없이 바쁠 때는 세세한 것까지 직접 챙기는 게 비효율적일 수 있다. 그렇지만 실제로 직원 없이 일해 보니 혼자서도 충분히 할 수 있고 해결 가능한 일이었다. 민사 소송은 전자 소송이 지원돼 노트북으로 클릭만 하면 서면을 열람하거나 제출할 수 있고, 형사 소송은 우편으로 서면을 접수해도 된다(형사 소송 역시 전자 소송을 준비 중이라고 한다). 기록 열람 및 등사의 경우 관련 앱을 통해 법원 근처 다른 변호사에게 복대리를 맡길 수도 있다. 현금 영수증이나 전자 세금 계산서 발행 역시 안 해 봐서 몰랐을 뿐이지 한번 해 보니 큰 문제없이 쉽게 익힐 수 있었다. 디지털화가 심화하고 새로운 기술이 발달하면서 점점 더 변호사 혼자서도 일하기 수월해지는 것 같다.

2. 홈페이지

대외적인 이미지를 위해 깔끔하고 멋들어진 공식 홈페이지를 갖는 것도 중요할 수 있지만, 나에게는 해당 사항이 없는 얘기였다. 사람들이 자주 찾아올 것 같지도 않았고, 무엇보다 홈페이지를 만드는 비용만 수백만 원이었다. 그래서 생략했다. 간판 없는 식당이 진짜 맛집이라는 말도 있지 않은가. 대신 홈페이지보다 좀 더 접근성이 높은 블로그를 운영하고 플랫폼에 참여했다.

3. 명함 등 자질구레한 것들

법률 사무소를 개업했다고 하니 주변 사람들 대부분이 "명함은 만들었어? 없으면 명함부터 파!"라고 했다. 하지만 디지털 시대에 종이 명함이 굳이 필요할까 싶었다. 로펌에 다닐 때도 의뢰인에게 명함을 받으면 전산 시스템에 정보를 등록하면 그만이라 굳이 명함을 챙겨 다닐 일이 없었다. 그래서 불필요한 종이 명함 대신 디지털 명함을 만들었다. 보통 온라인을 통해 의뢰인을 처음 접하기 때문에 대면하기 전이나 만남 후에 디지털 명함을 보내면 됐다. 로고 무료 제작 사이트를 통해 명함에 들어갈 사무소 로고를 뚝딱, 디지털 명함 무료 제작 사이트에서 명함도 뚝딱 만들었다. 지금까지도 아무런 불편함 없이 잘 사용하고 있다. 돈 들이지 않고도 명함이 생기다니 참 편리한 세상이다.

그 밖에도 종이 기록(실물 보관이 필요한 서류가 아닌 이상 대부분의 기록은 전자화해서 컴퓨터에 체계적으로 저장했다), 갑갑한 정장(의뢰인을 만날 때나 재판 혹은 조사 참여가 아닌 한 아주 편한 복장으로 일했다), 소송 용지와 스탬프, 아젠다 없는 방문 회의(되도록 전화나 화상 회의로 대체했다) 등 일하는 데 굳이 필요하지 않은 것은 모두 없앴다. 막상 해 보니 없어도 아무런 문제가 없었다.

시대가 빠르게 변화함에 따라 이런 경향은 가속화될 것 같다. 로펌에서도 점점 기록을 전자화하고 있고, 그래서 전자 기록을 담은 태블릿을 들고 재판에 출석하는 변호사도 늘고 있다. 앞서 말했듯 전자 소송도 이미 지원 중이다. 코로나 시대에 발맞춰 일부 법원에서는 화상 회의 재판까지 시행한다. 법조계도 계속 발전함에 따라 앞으로도 많은 것이 바뀔 것으로 기대된다.

내 방식대로 만들어 가는 재미

누군가는 나를 보고 유난이라고 생각할 수도 있다. 나 스스로도 그렇게 생각하니 말이다. 돌이켜 보니 나는 어렸을 때부터 자신만의 길을 개척해 걸어가고, 결국 자신이 원하는 것을 이루고 쟁취한 사람들의 이야기를 좋아했고 그런 사람들을 동경했다.

영국의 축구팀 중 리즈 유나이티드라는 팀이 있다. 전성기, 황금기를 의미하는 '리즈'라는 말이 바로 여기서 유래됐다. 리즈 유나이티드는 자국 리그 우승, 챔피언스리그 4강 진출 등 화려한 성적을 기록하며 잘나가는 팀이었는데, 재정난으로 한순간에 추락하며 2부 리그, 3부 리그까지 강등되기도 한 팀이다. 이를 빗대어 과거에 영광스러웠던, 그러나 지금은 돌아갈 수 없는 전성기를 '리즈 시절'이라고 표현하는 것이다. 그런데 그랬던 팀이 작년에 무려 17년 만에 프리미어리그로 다시 승격해 돌풍을 일으키고 있다. 감독의 전술에 힘입어 다른 어떤 팀보다도 특색 있는 축구를 하며 그야말로 리즈 시절을 누리고 있는 것이다.

금전적으로만 보면 내 리즈 시절은 대형 로펌에 다니던 때다. 그러나 그때로 돌아가고 싶은 마음은 전혀 없다. 내 방식대로, 원하는 대로 하나하나 만들어 가는 지금이 좋기 때문이다. 마치 잘 지어진 주택이 아닌 벽에 금이 가고 창문은 조금 비뚤어진 곳이지만, 나만의 특색 있는 집을 손수 지어 가는 재미가 있다고나 할까.

법조계는 다른 업계보다도 변화에 더욱 보수적이다. 아무래도 정해진 법과 규칙을 다루는 직업이다 보니 그런 듯하다. 그런 분위기가 싫어서 로펌을 뛰쳐나왔으니 내 방식대로, 내가 원하는 것을 해낸다면 더 큰 쾌감이 있지 않을까? 물론 쉬운 길은 아니다. 하지만 그렇기에 그 결실은 더욱 달콤할 것이다. 바로 이것이 나만의 길로 열심히 나아가게 만드는 원동력이다.

그나저나 리즈 유나이티드는 이번 시즌 리그 몇 위를 기록할까? 나는 변호사 3만 명 시대에서 꿋꿋하게 살아남을 수 있을까?

내 색깔을 잃지 않고 나를 알리는 법

변호사 3만 명 시대, 어떻게 살아남아야 할까?

개업은 했지만 문제는 사건 수임이었다. 지인 소개로 들어온 몇몇 사건을 제외하고는 갓 시작한 개업 변호사가 지속적으로 사건을 수임하기란 어려웠다. 아무리 "저 실력 있는 변호사예요! 열과 성을 다해 사건을 처리해 드립니다!"라고 외쳐도 사람들에게 들리지 않는다면 아무런 소용이 없을 테니까 말이다. 나라는 변호사의 존재를 알리는 것 자체가 대단히 어려운 일이었다.

비로소 광고와 마케팅의 중요성을 깨달았다. 로펌에 소속돼 있을 땐 주어진 일만 하면 됐기에 생각할 필요가 없었지만, 혼자 개업해 나만의 사업을 하는 이상 광고와 마케팅은 필수적이었다. 변호사 마케팅에 대해 찾아보니 업무만으로도 정신없이 바쁠 텐데도 블로그나 유튜브를 운영하고, 방송에 나가거나 강연을 하는 변호사들이 많았다. 나는 얼굴을 드러내고 알리는 것보다는 글을 쓰는 게 그나마 자신 있었기 때문에 나를 알리기 위한 수단으로 블로그를 시작했다.

본격적으로 블로그의 세계를 탐구했다. 열심히만 쓰면 되는 줄 알았는데 공부하면 할수록 그게 아니었다. 사람들이 많이 검색하면서도 경쟁률이 낮은 키워드를 선점하는 것부터 시작해, 포털 사이트가 좋아하는 알고리즘에 맞춰 글을 써야 했다. 이미지나 동영상을 올리라는 등 갖가지 방법과 팁도 많아 머리가 복잡해졌다. 무엇을 하든 처음에는 시간이 들고 힘든 것이라 생각했는데, 대부분의 변호사 블로그가 본인이 직접 운영하는 것이 아니라 운영을 대행해 주는 전문 업체를 이용한다는 것을 알게 됐다. 법률 키워드를 검색했을 때 상단에 노출된 글 역시 대부분 마케팅 업체가 쓴 듯한 글이었다.

나 역시 빨리 성과를 내고 싶다는 생각에 전문 업체와 미팅을 한 적도 있었다. 원하는 법률 키워드에 맞춰 글을 써서 무조건 상단에 노출시켜 주겠다는, 그렇게만 하면 많은 연락이 올 거라는 말에 솔깃했지만 비용이 상당해 부담스러웠다. 그래서 혼자서라도 어떻게든 해 보고자 처음에는 잘나간다는 변호사 블로그의 글 스타일을 따라 하기도 했다. 그런 과정이 공부가 됐던 걸까. 어느덧 글을 상위 노출시키는 것에 도가 트게 됐고, 노출된 글을 보고 연락하는 의뢰인이 늘기 시작했다.

그러나 기쁨도 잠시, 시간이 지날수록 내가 생각한 방식대로 일하고 있다는 느낌이 점점 희미해졌다. 마케팅에만 천착한 나머지 내 색깔은 잃어버린 채 단기적인 성과를 위해 마케팅 업체를 흉내 내고만 있었던 것이다. 로펌으로부터 독립해 주체적으로 내 법률 사무소를 운영하겠다고 마음먹은 것과 달리 아이러니한 상황이었다. 점차 광고와 마케팅에 회의감이 들었다.

광고와 마케팅도 내 방식에 맞게

대형 로펌의 경우 오랜 기간 쌓은 명성과 규모 덕분에 마케팅이 굳이 필요하지 않지만, 그 외에는 어디나 마찬가지로 광고와 마케팅이 판을 친다. 법조계 역시 최근 광고와 마케팅의

힘으로 떠오른 신흥 로펌이 꽤 있다. 이런 경우 광고비로 한 달에 수백, 수천만 원을 쓰는데 그 덕에 사건도 많이 수임해 계속해서 분점을 낼 정도다. 법조계에서는 이런 로펌이 다른 변호사들의 사건을 뺏어가 독식하고, 막대한 광고비를 메우기 위해 사건을 마구잡이로 수임해 제대로 처리하지 못하고 있다는 비판을 하기도 한다. 나 또한 그런 로펌에 의뢰했다가 마무리되지 못한 사건을 맡은 적이 있었다. 그래서인지 은연중에 공격적인 광고와 마케팅에 부정적인 시각을 갖고 있었던 것도 사실이다.

하지만 그렇다고 해서 광고와 마케팅을 전혀 하지 않는다면 어떻게 될까? 작은 국내 법조 시장에서, 변호사 3만 명 시대에 고객을 유치하기 위해서는 나를 적극적으로 알리고 어필해야 했다. 광고와 마케팅은 근본적으로 나를 알리는 필수 불가결적인 수단으로서, 내가 다른 사람에게 제공할 수 있는 좋은 서비스를 갖고 있다면 그것을 보다 많은 사람에게 알리는 것 또한 이로운 일일 것이다. 중요한 것은 광고의 진행 여부가 아니라, 내 정체성과 방식을 지키면서도 나를 적절히 홍보하는 방식을 찾는 것이었다.

나만의 속도로 성장하는 것

고민 끝에 내가 직접 블로그를 운영하되, 이전과는 생각을 달리하기로 했다. 너무 고민하지도, 머리 굴리지도 않기로 했다. 지금도 '사람들이 내 글을 클릭하고 다 읽었을 때 뭐 하나라도 얻어 갈 수 있는, 몇 분의 시간이 아깝지 않은 글을 쓰자. 덤으로 법률 상담이나 사건 수임으로 이어지면 감사한 일이지' 이런 마음으로 차곡차곡 글을 쌓아 가고 있다.

블로그 외에도 법률 상담 플랫폼을 병행하기로 했다. 모든 영역에서 플랫폼이 활기 치는 시대에 법조 시장도 예외는 아니다. 변호사들이 플랫폼에 자신의 정보를 등록해 놓으면 변호사를 구하는 사람들이 플랫폼 사이트에 접속해 등록돼 있는 여러 변호사 중에 선택할 수 있도록 하는 구조로, 매년 접속자가 증가하며 성장 중이다. 알음알음 변호사를 구하던 시대를 지나 이제는 의뢰인이 직접 여러 변호사의 경력, 전문 분야, 사건 경험 등을 비교해 선택할 수 있게 된 것이다. 법률 상담을 받은 의뢰인이 해당 변호사에 대해 후기를 남길 수도 있어 변호사 선택에 참고할 수도 있다. 나도 인터넷에서 고무장갑 하나를 사더라도 후기를 꼼꼼히 살펴보고 사는데, 자신의 인생이 달린 사건을 맡아 줄 변호사를 선택하는 일은 말할 필요도 없을 것이다. 플랫폼을 이용하는 변호사 입장에서도 실제 수요자의 유입량이 많은 사이트에서 직접적으로 의뢰인을 찾기 수월하고, 자신이 영위하고 싶은 분야를 세분화해서 지정해 자신을 알릴 수 있는 장점이 있다고 판단했다.

플랫폼에 가입 후 프로필 사진도 찍고 정보도 꼼꼼히 작성했다. 그리고 온라인 상담 게시판에 매일 정성껏 답변을 달았다. 무료라서 돈을 벌진 못했지만 그래도 기반을 다진다는 의미를 되새겼다. 그렇게 계속하다 보니 내가 작성한 정성스러운 답변을 보고 상담 신청이 들어오기 시작했다. 15분에 2만원을 받는 전화 상담 하나를 위해 의뢰인이 미리 작성한 상담글을 읽고 주석서를 뒤적이며 열심히 준비했다. 준비하고 상담하고 결과지를 정리하는 데 길게는 몇 시간이 걸릴 때도 있었지만 이 역시 기반을 다지는 일이라고 생각했다. 그러다 보니 점차 상담 신청도 늘어나고 상담 내용이 만족스러웠다는 후기가 하나둘씩 쌓이기 시작했다. 피드백에 힘을 얻어 더 열심히 임했다. 그럴수록 후기도, 나를 찾는 사람들도 더 많아졌다. 긍정적인 순환이 계속되며 어느새 사건 수임에 대한 걱정이 줄어들었다.

너무 무리하지도, 그렇다고 가만히 움츠려 있지도 않고 적당한 속도로 내실 있게 성장하는 것이 나의 목표다. 플랫폼의 독점과 횡포로 인한 문제도 많지만, 플랫폼이 아니면 영업이 되지 않을 정도로 종속되지만 않는다면야 이를 현명하게 이용하는 것도 좋은 방법이라고 생각한다. 전통적인 방식에서 탈피해서, 또한 무분별한 매스 마케팅에 기대지 않고 내 방식대로 성과를 거두기 위해 지금도 여전히 부단히 노력 중이다.

할 수 있는 일과 하고 싶은 일의 교집합

내 경험과 지식을 진심으로 나눌 때

코로나가 기승을 부리던 작년 말, 결혼식을 올렸다. 코로나 사태 속에서 결혼식을 치르느라 참 고생했다. 심지어 결혼식을 며칠 앞두고 사회적 거리두기 단계가 격상해 수용 인원이 100명으로 줄었다. 계약서상 보증 인원(예상 인원보다 실제 인원이 적게 와도 최소한 그만큼의 식대를 내야 하는 인원)은 200명인데 날벼락 같은 소식이었다. 그런 상황에서 여차여차 잘 끝내긴 했지만, 결혼식이 정상적으로 진행되기 어려운 상황임에도 기존 계약대로의 식을 강요하며 이익을 챙기려는 예식장 측 태도가 무척 실망스러웠다. 내 경우엔 변호사임을 밝히고

강력하게 대응해 불이익이 없도록 협상했지만, 많은 사람들이 법적인 내용을 잘 몰라 예식장의 일방적인 태도에 끌려다닌다는 것을 알게 됐다. 결혼식은 무사히 끝났지만, 코로나 상황 속 결혼식에 관한 복잡한 생각은 사라지지 않았다.

그래서 내 경험과 법적 지식으로 예비부부에게 도움을 주고자 블로그에 관련 법률 정보 글을 작성해 공유했다. 코로나 사태는 그 누구의 잘못도 아닌데 그로 인한 불이익을 예비부부에게 모두 전가하는 것이 매우 부당하다고 생각했다. 정부의 조치가 있기는 하나 실질적인 도움이 되지 않았고, 그래서 결혼을 준비하는 예비부부가 법적인 내용을 익혀 스스로 권리를 지키길 바랐다.

내 글이 검색 순위 상단에 오르며 많은 예비부부에게 연락이 왔다. 변호사 상담은 원칙적으로 유료이지만, 이미 겪어 본 사람으로서 안타까운 상황을 누구보다 잘 알기에 무료로 상담을 해 주기도 했다. 별다른 수익을 올리진 못했지만 내 글을 읽고 많은 도움이 됐다고, 덕분에 예식장 측과 잘 해결해 무사히 결혼식을 치렀다는 연락을 받으며 돈보다도 값진 보람을 느꼈다.

변호사의 기본적인 역할은 바로 주어진 문제를 해결하는 것이라 생각한다. 그 문제의 규모가 크든 작든, 문제에 처한 당사자에게는 똑같이 중요하다. 큰 기업 간의 분쟁이나 수백억대 소송이 아니더라도, 평범한 사람들에게 실생활에서 흔히 일어나는 작은 문제를 해결해 주는 것도 내가 변호사로서 사회에 기여하는 한 방법이 아닐까? 생각해 보니 나는 로스쿨에 다닐 때부터 휴대폰 대리점에서 말도 안 되는 가격에 휴대폰을 구매한 지인을 위해 할부 거래법을 근거로 문제를 해결해 준 일 등 주변 친구들의 소소한 사건과 갈등 해결을 자처해 왔다. 크고 복잡한 사건보다는 작더라도 보람 있는 사건을 맡고 싶었다. 그래서 나는 작은 사건의 해결을 지향하는 변호사가 되기로 했다.

전문성을 쌓아 나가기

코로나 상황 속 결혼식에 관한 상담을 하다 보니 앞으로는 무슨 사건을 담당해야 하나 생각이 많아졌다. 변호사의 업무는 의뢰인의 문제와 고민을 떠안는 일이기 때문에, 기본적으로 사안에 흥미나 열정이 없다면 진심으로 일에 임하기가 어려울 때도 있다. 로펌을 다닐 때 이런 경험을 해 봤기에 더욱 고민됐다. 업무 영역도 이혼, 상속, 부동산, 재산범죄, 기업 일반, 형사 기타 등 다양하기 때문에 내가 주로 할 수 있는 전문 분야를 구축해야 했다.

먼저 내가 변호사로서 할 수 있는 분야가 무엇일지, 내가 무엇을 잘할 수 있을지 생각했다. 로펌에 다닐 때 수백억대 민사소송보다는 형사 사건을 많이 맡았다. 그중에서도 남들이 잘 맡지 않으려고 하는, 흔히 '잡사건'이라고 불리며 폄하되는 개인 의뢰인 형사 사건을 꽤 많이 담당했었다. 결과적으로는 이런 사건이 성향에 더 잘 맞았다. 그래서 과거의 사건 경험을 토대로 내가 할 수 있는 작은 형사 사건부터 맡으면서 방향을 찾아 나가기로 했다. 폭행, 협박, 사기, 명예훼손, 모욕 등 여러 종류의 사건에서 피의자 변호부터 고소 대리까지, 혹은 부분적인 서면 작성이나 조사 참여 등 다양한 사건을 처리했다. 많은 경험이 쌓이며 형사 사건에 대한 나름의 자신감이 생기기 시작했다.

형사 사건 중에서도 특히 명예훼손, 모욕 분야에 관심이 갔다. 법률 플랫폼 상담 게시판을 보면 가장 많이 올라오는 질문 분야이기도 하다. 그럼에도 불구하고 답변이 잘 달리지 않고 실제로 많은 변호사들이 기피하는 분야이기도 한데, 사건을 문의하는 의뢰인의 연령대가 어려 소위 돈이 되지 않기 때문이다(예를 들어 초등학생이 게임을 하다가 다른 사람과 욕하며 싸운 경우 등). 그런데 이상하게도 나는 이런 사소하고 작은 문제가 궁금했다.

명예훼손이나 모욕은 간단해 보이지만 발언자의 표현의 자유와 당하는 자의 인격권이 대립, 충돌하는 복잡 미묘한 범죄다. 어느 한쪽만을 탓하거나 내세울 수 없다. 판례만 봐도 각각의 케이스마다 판단 내용이 다르고, 보는 사람마다 시각이 달라 쉽지 않다. 그래서 각각의 상황에서 의뢰인이 억울함이 없도록 변호하고 대리하는 일이 무엇보다 필요하다고 생각했다. 그래서 해당 분야에 대한 공부와 연구를 병행하면서 상담 경험을 쌓아 나갔고, 그러자 점차 관련 사건의 의뢰가 들어오기 시작했다.

한번은 인터넷 기사에 무심코 쓴 댓글 때문에 고소를 당한 의뢰인의 사건을 맡은 적이 있다. 어떤 판결에 대한 비판적 논조의 기사였는데, 의뢰인도 자신의 비판적인 의견을 적었다가 판결의 당사자가 우연히 기사에 달린 비판적 댓글을 보고 명예훼손 및 모욕으로 집단 고소한 것이었다. 당연히 기사에는 당사자 정보도 없고 사건 번호도 없어서 의뢰인은 판결 당사자가 누구인지 알지 못했고, 그의 명예를 훼손하거나 모욕할 의도 역시 전혀 없었다. 어떤 사안에 대해 비판적인 목소리를 내면 당연히 관련된 당사자는 꺼려질 수밖에 없다. 그렇다고 모두 명예훼손이나 모욕으로 고소당하고 처벌된다면 그 사회는 아무도 목소리를 낼 수 없는 침묵하는 사회가 될 것이다. 이런 점을 잘 주장한 끝에 의뢰인은 경찰 단계에서 불송치 결정(경찰 단계에서 혐의가 없다고 판단될 경우 검찰에 사건을 송치하지 않는 결정)을 받았다. 의뢰인은 무심코 쓴 댓글 하나로 나를 선임한 비용, 고생한 시간을 빗대 농담 삼아 '내 인생 최고의 원고료'라고 씁쓸하게 말했다.

또 한번은 인터넷 유명 카페에 N번방 가해자로 의심되는 사람을 저격하는 글이 올라왔는데, 이를 보고 무심코 욕설을 썼다가 당사자로부터 모욕죄로 고소돼 연루된 여러 사람이 나를 찾아온 적이 있었다. 결과적으로 그 글의 당사자는 N번방과는 관련이 없었고, 의뢰인들이 제대로 확인하지 않고 악플을 단 건 분명한 잘못이었다. 그러나 N번방과 관련 있다고 생각하면 누구라도 욕을 하고 싶은 심정이었을 것 같았다. 나는 조사를 동행하고 이런 정상관계를 잘 주장해서 다행히도 기소 유예(검찰 단계에서 혐의는 인정되지만 정상관계를 참작해 기소를 하지 않는 결정)로 막을 수 있었다. 두 사건의 의뢰인 모두 평범한 일상과 본업으로 돌아갔다. 이런 경험으로 말미암아 다시는 함부로 댓글을 달지 않을 것이다.

이렇게 명예훼손, 모욕 분야에서 여러 유형의 사건을 맡아 성공 사례를 만들어 가면서 나만의 전문성을 계속해서 쌓아 나갔다.

목표를 향해 한 걸음 한 걸음씩

나는 특히 인플루언서 시장에서의 명예훼손, 모욕 분야에 관심이 많다. 인터넷이 발달하면서 어떤 중간 매체를 통하지 않고도 개인 채널을 이용해 자신의 의견을 자유롭게 펼치고 사람들에게 영향을 줄 수 있는 사람, 즉 인플루언서가 늘어나고 있다. 이런 새로운 흐름은 1인 기업 등의 흐름과 맞물려 계속 성장할 것으로 보인다.

인플루언서는 포털 사이트 댓글 등 간접적인 방식이 아니라 자신의 채널을 통해 사람들로부터 직접적으로 피드백을 받기 때문에 그 과정에서 악플로 명예훼손이나 모욕 등을 당할 가능성이 높다. 또한 인플루언서는 신문사나 방송사 등 중간 과정이 없이 자신의 의견을 다이렉트로 전달하기에 도리어 인플루언서를 통해 다른 사람에 대한 명예훼손이나 모욕이 손쉽게 일어날 가능성도 크다. 인터넷이 발달하며 그 파급력이 어마어마해져 명예훼손이나 모욕의 피해도 막대해졌다. 디지털 평판이 굉장히 중요해진 시대가 온 것이다. 그래서 블로그, 유튜브, 인스타그램, 페이스북, 트위터 등 SNS 채널을 가리지 않고 인플루언서와 관련한 명예훼손, 모욕 사건이 급증하는 추세다. 나 또한 실제로 이 분야와 관련한 다양한 사건 사고에 대한 상담이 늘고 있다.

이런 사건은 명예훼손이나 모욕의 기존 법리를 잘 아는 것도 물론 중요하지만 각 채널의 특성을 이해해 법리를 어떻게 적용하느냐 하는 것이 굉장히 중요한 관건이다. 나 역시 브런치를 운영하는 초보 인플루언서이자 인플루언서 시장에 관심이 많은 사람으로서, 새롭게 성장하는 분야에서 각 채널의 특성에 맞게 명예훼손, 모욕의 기준을 정립하고 해결할 수 있도록 관련 분야를 개척해 나가고 싶다. 이것이 내가 변호사로서

궁극적으로 하고 싶은 일이며, 이를 이루기 위해 한 걸음 한 걸음씩 나아가고 있다.

중요한 건 속도가 아니라 방향이다(feat. 디지털 노마드)

개업 후 자리 잡기, 그 이상의 결과

개업 후 자리를 잡기 위해 로펌 다닐 때 못지않게 열심히 일했다. 상담 활동을 계속하고, 하루에도 몇 통씩 걸려 오는 전화에 응대하다 보니 사건을 꽤나 많이 수임하게 됐다. 시간이 어떻게 흘렀는지도 모르게 벌써 몇 달이 지나 있었다. 어느새 로펌 변호사로서 갖고 있던 사건 수와 얼추 비슷해졌다. 정산을 해 보니 월 매출이 로펌 다닐 때 월급의 몇 배 정도에 이르고 있었다. 자리를 잡는 것을 넘어 퇴사 후 약 1년간 백수로 지낸 시간을 만회하는 성과였다.

주위에서는 이렇게 잘될 때 어쏘를 구해서 업무를 맡기고 사건 수임을 계속해야 한다고, 그렇게 사무소를 확장하는 거라고 했다. 사실 지금의 월 매출 정도면 혼자서 하기엔 버겁고 효율적인 면에서도 어쏘를 구하는 게 맞을지도 몰랐다. 1년 전만 해도 어쏘였던 내가 개업한 지 세 달 만에 다른 어쏘를 고용해야 하나 고민하는 낯선 상황이었다. 생각해 보면 어쏘를 구해서 일을 분담하고 나는 그 시간을 좀 더 홍보에 기울인다면 계속 성장할 수도 있었다. 앞으로 이렇게만 쭉 간다면 연 매출도 수억 원에 이를 테고, 많은 사람들이 그토록 원하는 경제적 자유에 한 걸음 빨리 다가갈 수 있을 것만 같았다.

달콤한 상상에 잠시 혹했지만 마음은 복잡했다. 단기간의 성취에 취한 나머지 월 수임 건수, 수임액 등 수치에 집착하며 스트레스를 받고 있었고, 마음속에 욕심이 가득 찼다. 스스로 느끼기에 건강한 마음 상태가 아니었다.

그래서 액셀 대신 오히려 브레이크를 밟기로 했다. 앞으로의 방향을 재조정하는 시간을 갖기 위해 짧은 방학을 갖기로 마음먹었다. 나는 잠시 걸음을 멈추고 제주도로 떠났다.

항로를 재설정하다

여행을 다니며 앞으로의 방향에 대해 생각하면서 항로를 재설정하는 시간을 가졌다. 우선 어쏘를 고용해 로펌을 키우는 방안에 대해 생각해 봤다. 하지만 생각을 거듭할수록 조직을 만들어 키울 만큼 야망이 있지도 않았고, 극심한 개인주의자라 선불리 직원을 고용하면 오히려 신경 쓸 일이 많아질 것 같았다. 내가 어쏘로 행복하지 않았기 때문에, 같이 성장할 수 있는 여건을 심도 있게 고민하지 않은 채 내 이익을 위해 함부로 어쏘를 고용하고 싶지도 않았다.

홀로 개업해서 직원 수십 명을 거느린 법무법인으로 성장하는 것, 연 매출 몇 억의 수익을 올리는 것도 자랑스러운 결과겠지만 너무 뻔할 뿐 아니라 내 마음이 끌리는 방향이 아니었다. 전통적인 방식이나 예상 가능한 방향보다는 내가 원하는 모습으로 일을 해 나가고 싶었다. 더 나아가 보수적이고 편견이 많은 법조계에서 이렇게 일할 수도 있다는 사실을 보란 듯이 보여 주는 하나의 사례를 만들고 싶었다. 그래서 나와 비슷한 성향의 사람들이 눈치 보지 않고 용기를 얻어 자신의 방식대로 일함으로써, 보수적인 관습에 맞서 점차 새로운 흐름이 만들어졌으면 했다. 그게 내가 변호사로서 법조계에 기여할 수 있는 역할이라고 생각했다.

자유롭게 일하는 디지털 노마드 변호사로

막상 제주도로 떠났지만 그렇다고 마냥 쉴 수만은 없었다. 담당하는 사건들의 업무가 남아 있었기 때문에 여행을 하면서도 중간중간 일을 해야 했다. 이참에 예전부터 관심을 갖고 관련 모임에도 참석하곤 했던 디지털 노마드 생활을 경험해 보자고 생각했다.

변호사 시험을 끝내고 몇 달간 배낭여행을 떠난 적이 있었다. 떠나는 당일 묵을 숙소도 정하지 않은 완전한 무계획 여행이었다. 콜롬비아 보고타에서 시내 투어를 하면서 회계사로 일하는 미국인 친구와 친해졌는데, 대화를 나누다 보니 여행을 다니며 노트북으로 일을 한다는 흥미로운 얘기를 듣게 됐다. 그 친구가 바로 세계를 여행하면서 장소에 구애받지 않고 노트북만 들고 일하는 신세대 워킹족, 디지털 노마드였던 셈이다. 여행을 좋아하는 나는 평소에도 노마딩에 관심이 많았는데 개발자, 웹디자이너, 사업가가 대부분이었고 변호사는 찾아보기 힘들었다. 변호사는 노마딩이 불가능한 직업일까? 변호사도 원한다면 디지털 노마드가 될 수 있을까? 이번 제주도 여행이 디지털 노마드 생활을 실험해 볼 기회라고 생각했다.

처음에는 여행을 다니면서 업무가 잘될지 걱정했지만, 막상 실제로 해 보니 일하는 데 큰 지장은 없었다. 재판이나 조사 등 직접 움직이며 해야 하는 일이 아닌 이상 서면을 작성해서 제출하는 일은 어디에서나 가능했다. 여행 중간중간 카페에서 쉬는 시간을 이용해 고소장을 쓰고, 호텔 로비나 비즈니스 센터에서 의견서를 썼다. 전화나 메일을 통해 의뢰인들과도 즉각적으로 소통할 수 있었다. 몸소 노마딩을 경험하면서 내 마음이 일에 집중만 할 수 있다면 일을 하는 장소는 중요하지 않다는 것을 깨달았다.

생각해 보면 변호사는 정해진 외부 일정 외에는 노트북만 있으면 어디에서나 일할 수 있는 직업이었다. 한마디로 노트북을 켜고 워드프로세서를 연 다음 서면을 쓰면 된다. 그 공간이 꼭 고정된 사무실이어야 할 필요는 없다. 노트북 하나만 있으면 어디에서든 일할 수 있고, 바로 그곳이 사무실이 되는 것이다.

코로나는 우리에게 여러 생각거리와 변화를 가져다줬다. 재택근무에 대한 오해와 걱정도 많이 바뀌고 있으며 면 대 면이었던 업무를 화상 회의 등 온라인으로 대체하고 있다. 이런 온택트 열풍은 디지털 노마드가 성장할 수 있는 더 좋은 환경을 만들어 줄 것이다. 개인적으로 수도권 인구 편중, 이로 인한 부동산 가격 폭등과 투기, 교통난 등의 문제가 생기는 원인 중 하나는 직장이 한곳에 몰려 있기 때문이라고 생각한다. 장소에 구애받지 않고 일할 수 있는 노마딩 문화가 이 문제를 해결할 수 있지 않을까. 나 또한 코로나 사태가 끝나고 나면 디지털 노마드 변호사를 적극적으로 영위할 생각이다.

직업 의식은 진정성과 열정에서 온다

진정한 프로페셔널리즘

변호사의 프로페셔널리즘, 곧 직업 의식은 곧잘 그가 다니는 로펌의 규모와 명성, 그의 몸값(타임 레이트), 그가 처리한 사건의 규모, 심지어 행색 등으로 평가되곤 한다. 그래서일까. 미디어에 나오는 프로페셔널한 이미지의 변호사는 하나같이 깔끔한 정장을 입고 정갈한 차림새를 하고 있다. 잘나가는 변호사처럼 보여야 수임도 더 잘되고, 그래야 계속 더 잘나갈 수 있다는 논리와 같은 맥락이다. 그래서 한때는 변호사들이 빚을 내면서까지 일부러 고급 정장을 입고 수입차를 탄다는 낭설이 전해지기도 했다.

하지만 나는 겉으로 보이는 모습이나 숫자로 드러나는 수치가 그 변호사의 직업 의식을 나타낸다고 생각하지 않는다. 변호사의 직업 의식은 의뢰인이나 사건에 대한 진정성과 열정으로 평가돼야 한다.

미드 〈베터 콜 사울〉의 주인공인 변호사 지미 맥길은 그런 측면에서 진정한 변호사의 모습을 잘 보여 준다. 물론 나중에는 범죄자들을 숨겨 주고 도와주는 더러운 변호사로 타락하지만, 타락 전 일부 장면은 정말 인상 깊다. 지미 맥길은 대형 로펌 파트너인 친형과 달리 삼류 변호사로서 국선 변호를 전전하다 우연히 요양원에서 노인들을 대상으로 비용을 과다 청구하고 있다는 사실을 알게 돼 사건을 파고든다. 요양원에서는 이미 눈치를 채고 관련 자료를 모두 폐기한 상태. 집념의 지미는 자포자기하지 않고 요양원 근처 쓰레기통에 들어가 쓰레기를 뒤져 잘게 찢긴 종이 쓰레기 뭉치를 갖고 나온다. 그리고 몇 날 며칠을 밤새워 가면서 종잇조각들을 맞춰 자료를 복구한다. 이를 증거로 거대 집단 소송에서 멋지게 승기를 잡는다.

물론 극적인 내용이지만 의뢰인을 위해 거리낌없이 쓰레기통에 들어갈 수 있는 변호사, 이런 게 진짜 의뢰인을 위하는 프로페셔널한 변호사 아닐까? 과연 나라면 그렇게까지 할 수 있을까? 진정한 변호사의 태도에 대해 다시 한 번 생각해 보게 하는 장면이었다.

자신감을 뒷받침해 준 경험

대형 로펌을 다니며 내로라하는 선배들의 지도하에 혹독한 트레이닝을 받았다. 그 덕에 실력을 탄탄히 연마할 수 있었지만 아쉬운 점도 당연히 있었다. 보통 30~40건이 넘는 사건을 동시에 처리했기 때문에 한 사람 한 사람에 집중하면서, 사건마다 열과 성의를 다하면서 진행하기가 마음과 달리 쉽지 않았다. 물론 맡은 사건을 모두 다 훌륭하게 처리하는 사람도 있었지만 불행하게도 나는 그렇지 못했다. 부끄럽지만, 당시의 나는 바쁘다는 핑계로 의뢰인의 절박한 연락을 제때 받지 못한 적도 있었고, 심지어 너무 많은 사건 속에서 사건 내용을 가끔 헷갈리기도 했다. 의뢰인이 지불한 수임료만큼의 서비스를 제공하고 있는지, 실망스러운 수준은 아닌지 스스로 의문이 들었다.

이런 경험이 있었기에 개업을 한 지금은 사건 수를 조절하면서 의뢰인 한 사람 한 사람에게 세심하게 집중해 사건을 처리하려고 한다. 변호사의 실력도 물론 중요하지만, 복잡한 법리가 문제되는 사건이 아닌 이상 해당 사건에 변호사가 얼마만큼의 시간과 노력을 쏟는지에 따라 결과가 달라진다고 믿는다. 그래서 내가 자신 있게 잘할 수 있고, 진심을 담아 실질적으로 도움을 줄 수 있는 전문 분야의 사건들만 소수로 맡아 진행하고 있다.

개업 초반에 친구의 소개로 한 사건을 맡았다. 의뢰인이 수사 단계에서부터 유죄를 인정해 양형만이 남아 있는 간단한 사건이었다. 보통 양형 부당을 다투는 사건은 '반성하고 있다' '전과가 없다' '피해자와 합의했다' 등 전형적인 양형 사유를 기계적으로 주장하는데, 1심 재판을 맡은 법무법인에서 피해자와 합의를 진행하지 못해 결국 벌금 300만 원을 선고받은 상태였다. 그런데 의뢰인은 특수한 직종에 속한 일을 하고 있어 전과가 남으면 직업 활동에 지장이 생기기 때문에 벌금형은 절대 안 된다며, 항소심에서 선고 유예(죄는 인정되지만 범행이 경미한 경우 양형 사유를 참작해 선고를 유예하는 제도)만을 바라며 나를 찾아온 것이었다.

선고 유예 판결은 확률이 극히 낮기 때문에 어려운 상황이었지만 사건을 맡은 이상 의뢰인의 목표를 위해 최선을 다했다. 나는 피해자의 인적 정보를 알 수 없는 상황에서 합의를 시도할 수 있는 방법을 궁리했고, 기계적인 양형 사유가 아닌 의뢰인의 구체적인 상황과 관련한 양형 사유에 대해 좀 더 면밀하게 조사했다. 그 결과 검사의 협조를 얻어 피해자와의 합의가 성사됐고, 의뢰인의 직업 활동과 관련해서 벌금형을 받으면 업무에 현저한 지장이 생긴다는 점을 중심으로 양형 사유도 적극적으로 호소했다. 진인사대천명이라고, 할 수 있는 것은 모두 했고 결과만을 기다렸다. 대망의 선고일, 바라던 대로 기적적으로 선고 유예 판결이 나왔다는 연락을 받았다. 의뢰인은 나에게 생명의 은인이라며 진심 어린 고마움을 전했다. 그간의 노력이 헛되지 않은 결과였다.

로펌에 있을 때는 승소하든 패소하든 사건 결과에 무덤덤한 편이었다. 어차피 이길 사건은 이길 것이고 질 사건은 질 것이다, 이런 냉소적인 생각이었다. 어쩌면 사건에 대한 열정이 부족해서였는지도 모르겠다. 그런데 이번에는 달랐다. 사건 결과를 들으며 예전에는 느껴 보지 못한 기쁨과 보람이 밀물처럼 밀려왔다. 이 사건으로 인해 내가 제대로 된 방향으로 가고 있다는 자신감이 생겼다.

인디펜던트 워커, 그들이 사는 세상

독립 후 180도 달라진 세상

나에게 퇴사 후 독립은 세상의 변화 그 자체였다. 일을 바라보는 시각, 돈을 대하는 태도, 시간을 활용하는 방법, 인간관계를 만드는 방식 등 모든 것이 바뀌었다. 마치 영화 〈쇼생크 탈출〉에서 주인공이 감옥에서 탈출해 처음 바깥세상을 마주했을 때의 그런 느낌이었다.

1. 일

로펌에 다닐 때는 일이란 회사를 통해 주어지는 것, 위에서 시켜서 하는 것으로 생각했다. 하지만 지금은 다르다. 일은 누군가를 통하지 않고서도 내가 직접 만들어 낼 수 있는 것, 알아서 해야 하는 것으로 바뀌었다.

2. 돈

일을 많이 하든 그렇지 않든 달마다 같은 금액이 통장에 찍히던 로펌 변호사 때와는 달리, 지금은 내가 하는 것에 따라 천지 차이로 변할 수 있는 것이 돈이다. 바쁘게 일한 달에는 감사하게도 로펌 변호사 때 월급보다 더 벌기도 하지만, 그보다 매출이 안 나올 때도 많고 일부러 많이 일하지 않는 달도 있다. 내가 원하는 만큼 어느 정도 벌이를 조절할 수 있는 것이다.

3. 시간

예전에는 평일과 주말, 업무 시간과 그 외 시간이 딱 나뉘어 있었다면 현재 생활의 가장 큰 특징은 평일과 주말의 구분이 없다는 것이다. 일의 양과 컨디션 등에 따라 자유롭게 시간을 운용할 수 있다. 물론 여유를 부린 만큼 책임이 뒤따르는 것도 사실이고. 그런데 원래 하루하루 모든 날은 평일과 주말의 구분 없이 똑같은 해가 뜨고 지는 것이 아니었던가?

4. 인간관계

로펌에서도 좋은 사람들을 많이 만났고 지금도 연을 이어가고 있지만, 다양한 배경의 사람들을 만나고 싶다는 생각이 있었다. 그래서 퇴사 후 독서 모임, 디지털 노마드 모임 등에 참여하며 다른 배경, 다른 생각을 가진 사람들을 만났다. 또 브런치를 통해서 얼굴 모르는 사람들과 생각을 나누고 소통하기도 했다. 개업을 한 이후에는 나와 비슷한 1인 개업 변호사 모임에 참여해 느슨한 연대를 이루고 있다(이 모임에서는 가지각색의 이유로 홀로 개업해 고군분투하는 변호사들의 이야기를 담아 《SUPER 1인 변호사》란 책을 발간하기도 했다). 예전에는 인간관계란 학창 시절 때 학급이 정해지듯 주어지는 것이라는 생각이 강했다면, 현재는 내 선택에 의해 얼마든지 넓혀 갈 수 있다는 쪽으로 생각이 바뀌었다.

인생이 포커 게임이라면

유튜브에서 미국의 전설적인 코미디언 크리스 록의 스탠드업 코미디를 본 적이 있다. 〈Career vs Job〉이란 제목의 짧은 영상이었는데 커리어와 일의 차이점을 재미있게 표현한 영상이었다. 특히 인상 깊었던 건 그저 기계처럼 일만 하는 사람들은 시간이 느리게 가기 때문에 일하는 동안 자주 시계를 보며 "시간이 이거밖에 안 지났어?"라고 하는 반면, 커리어를 쌓는 사람들은 자신의 프로젝트를 수행하느라 시간이 부족하기 때문에 일하다가 시계를 보며 "벌써 시간이 이렇게 됐어?"라고 한다는 것이었다.

로펌에 다닐 때 내가 딱 그랬다. '일이 빨리 끝났으면 좋겠다' '얼른 이 정신없는 시기가 지나고 일이 줄어들었으면 좋겠다' 하는 생각밖에 없었다. 하지만 개업을 한 지금은 별거 안 한 거 같은데도 시간이 참 빨리 간다. 일한 것 같지 않게 몸도 마음도 가뿐하다. 심지어 내일이 기다려지기까지 한다. 내 방식대로 내 사업을 운영하고 있기에 가능한 일일 것이다.

회사에 속하든 속하지 않든, 독립적으로 일하며 자신의 일을 주도적으로 만들어 가는 노동 주체를 '인디펜던트 워커'라고 한다. 나 역시 인디펜던트 워커라 할 수 있다. 하지만 인디펜던트 워커라고 모든 것이 좋고 완벽할까. 지금 사는 전셋집의 기간이 만료된 후 이사 가야 할 집이나 자녀 계획 등 미래에 대한 계획을 세우면서 느낀다. 월급 받는 직장인이라면 몇 년 후까지 얼마를 벌어서 얼마를 모으는 등의 계획을 세울 수 있을 텐데, 지금의 나는 그럴 수 없다. '얼마'라는 변수를 도통 예측할 수 없기 때문이다.

수익이 잘 나오지 않을 때는 '이 상황을 어떻게 헤쳐 나가야 할까?' 생각하고, 수익이 잘 나와도 '이번 달은 어찌 잘 넘겼지만 다음 달은 어쩌지?'라는 생각이 머릿속을 떠나지 않는다. 그럼에도 불구하고 나는 이런 스트레스가 싫지 않다. 오히려 살아 있다는 느낌이 든다. 투자계에서 말하는 '위험기피형'이 아니라 '위험선호형'이라도 되는 것일까.

대부분의 사람들은 안정되고 보장된 삶을 추구하지만, 세상에 진실로 완벽하게 안정된 삶이 있기는 할까? 그러기에 인간은 너무 연약한 존재가 아닐까? 돈을 잘 벌다가도 갑자기 코로나 같은 전염병에 생계를 위협당하기도 하고, 탄탄대로를 달리다가도 갑작스러운 사고로 죽을 수도 있는 것. 이처럼 한 치 앞도 알 수 없이 불확실한 게 인생인 것 같다.

무수한 확률과 위험 속에서 이를 여유 있게 다룰 줄 알아야 하는 포커 게임을 좋아한다. 어느 정도 좋은 패를 가졌어도 '다른 사람이 더 좋은 패를 가졌으면 어쩌지?'라는 생각에 계속

기권(Fold)한다면 게임에서 이기기 어렵다. 실패할 가능성이 있더라도 이를 감수하고 과감히 뛰어드는 것. 그게 포커 게임이 주는 교훈이 아닐까 한다. 포커도 인생도, 게임 한 판이 아니라 여러 판을 염두에 둔 장기전이니까.

그렇기에 나는 계속 내 인생을 향해 콜(Call)을 할 것이다. 필요하면 판돈을 더 얹어 벳(Bet)을 하든가.

직업이 곧 나는 아니다

프로 N잡러 변호사

나는 변호사 업무 외에도 이것저것 다른 일을 병행하고 있다. 소위 N잡러라고나 할까?

1. 로스쿨 자소서 컨설팅

법률 사무소 개업 전 부업으로 진행한 일이었다. 로스쿨에 입학할 때 자소서를 꽤 공들여 썼고 입학 후에도 후배들의 자소서 검토를 자처할 정도로 자소서에 관심이 많았다. 스스로가 진로에 대한 고민이 많았던 만큼 후배들이 입시만을 위한 '자소설'이 아닌, 진로에 대한 진정성 있는 고민이 깃든 자소서를 작성할 수 있도록 도움을 주고 싶었다.

비록 몇 장의 자소서이지만 그 안에 한 사람의 노력과 인생이 녹아들어 있어서인지 후배들의 자소서를 보며 나 역시 자극과 기운을 얻는다. 예전부터 생각해 오던 로스쿨 자소서 컨설팅 서비스를 실제로 진행해 보니, 회사에서 주어지는 업무나 전통적인 변호사 업무 외에도 내가 하고자 하는 일을 얼마든지 적극적으로 추진해 영위할 수 있다는 자신감이 생겼다. 앞으로도 이 일을 계속 병행할 생각이다. 후배들이 로스쿨 생활을 잘 견디고 험난한 법조인의 길을 잘 걸어갔으면 한다.

2. 인터넷 쇼핑몰 사진 기사 겸 피팅 모델

아내가 잠시 쉬었던 인터넷 쇼핑몰 운영을 다시 시작해 짬을 내 일을 도왔다. 그 덕에 새로운 재밌는 경험을 많이 했다. 새벽에 동대문 도매 시장에 가서 옷을 떼 오기도 하고, 사진을 정말 못 찍어서 똥손이라 불리던 내가 쇼핑몰에 올릴 피팅 사진을 직접 찍기도 한다. 급기야 커플 아이템의 경우 직접 모델을 하고 있으니 인생사 어떻게 흘러갈지 모른다는 말이 맞는 것 같다(막상 찍힌 사진을 보니 빠른 시일 내에 다른 모델을 구해야 할 것 같다).

3. 저술 활동

로펌에 다니면서 브런치를 시작했다. 야근과 주말 출근에도 불구하고 짬을 내서 글을 썼지만, 구독자 수가 늘지 않아 '내 글이 누군가에게 읽히고는 있나?' 의문이 들었다. 거기에 더해 "이런 글이 과연 읽힐까?"라는 주변의 우려까지. 글 쓰고 싶어 퇴사를 결심했다고 한 것치고는 굉장히 민망한 성적표였다. 퇴사일이 다가올수록 초조해졌다. 그렇지만 '아무렴 어때, 누구는 처음부터 잘했나? 끝까지 해 보자'라는 마음으로 나 자신을 다독였다. 내 안에 있던, 말로는 꺼내 보이기 어려웠던 마음을 다양하게 글로 풀다 보니 점점 가닥이 잡히기 시작했다. 자랑스럽게 내놓을 만한 유려한 글은 아니지만, 적어도 진정으로 하고 싶은 이야기를 내 문체로 전달할 수 있는 정도로는 발전한 것 같다.

감사하게도 브런치를 통해 출간 제의를 받아 지금 이 책을 쓰고 있다. 대단한 사람은 아니지만 내 인생, 내 생각을 담은 책을 내는 것이 버킷리스트 중 하나였다. 단지 '책 한 권 내고 싶다'라는 버킷리스트 한 줄을 지우는 데 그치지 않고 부디 이 책이 누군가에게 필요한 메시지를 줄 수 있었으면 한다.

앞으로도 인디펜던트 워커로서 주체적으로 자신의 일을 개척해 나가는 것, 더 넓게는 주체적으로 자신의 삶을 살아가는 법에 대해 계속 글을 쓰고 사람들과 생각을 나누고 싶다.

변호사 같지 않다는 말

로펌에 다닐 때 외부 모임에 참석하면 "변호사 이미지는 아닌데"라는 말을 많이 들었다. 심지어 내부 평가에서도 "넌 맡은 일은 잘하는데 뭔가 변호사 같지 않아"라는 질책성 말을 듣기도 했다. 미디어를 통해 비춰지는 각 잡힌 전형적인 변호사의 이미지 때문일까. 처음에는 내가 그렇게 프로페셔널하지 않아 보이나 걱정했다. 하지만 나만의 스타일로 꾸준히 나아갔다. 그 결과 주위에서도 차츰 내 업무 성과를 보더니 편견을 깨고 나를 인정해 주기 시작했다. 그래서 지금은 "넌 변호사 같지 않다"라는 말을 들으면 더 기분이 좋다. 기존의 전형적인 변호사 이미지를 넘어서 새로운 일을 더 잘할 수 있는 변호사 같다는 말로 들려서다.

영화 〈파이트 클럽〉에 나오는 대사처럼, 나는 내가 입고 있는 옷도 아니고 내 직업도 아니다. 내 직업은 변호사지만 내가 곧 변호사는 아니다. 직업은 나를 표현하는 수만 가지 속성 중한 가지일 뿐이다. 사람들은 직업으로 타인의 성격과 성향을 추측하고 평가한다. 그렇지만 나머지 많은 속성을 제외하고 직업만으로 그 사람을 평가하는 것은 무리가 아닐까?

꼭 한 가지 일만 해야 할까?

언젠가 본 짧은 강연 영상에서 "직업이 하나라는 생각에 매몰되지 말고, 자신이 좋아하는 여러 가지 활동을 한다면 그 하나하나가 각기 다 일이 될 수 있다"라는 말을 들었다. 그럴 때 더 즐겁게 일할 수 있다는 내용이었다. 100퍼센트 동의한다. 길고 긴 인생, 꼭 한 가지 일만 해야 할 이유가 있을까?

한 가지 직업만으로 한 회사에 다니다 정년 은퇴하는 시대는 지났다. 회사에 소속되지 않고도 개인이 다른 개인과 소통하며 자유롭게 자신의 재능을 교환하면서 돈도 벌 수 있는 시대가 열렸다. 그리고 그 재능은 하나가 아니라 여러 개일 수 있다. 그렇게 사는 삶이 더 자유롭고 행복한 삶이 아닐까?

나는 변호사 일이 좋다. 성향에도 잘 맞아 앞으로도 이 일을 계속할 것이다. 그렇다고 평생 이 일만 하고 싶지는 않다. 이런 말을 하면 아내는 아직 하고 싶은 것이 많은 어린아이 같다고 놀리지만, 책을 좋아해서 독서 모임을 운영해 보고 싶고, 여행자들과 어울리는 것을 좋아해서 게스트하우스를 운영해 보고 싶기도 하다. 어릴 때 장래 희망이던 그림을 그려 보고도 싶다(하고 싶은 게 더 많지만 지면상 줄인다). 그런 모든 활동이 나를 더 다채롭고 행복하게 만들어 줄 거라고 생각한다.

나는 변호사이지만 아니기도 하다. 나는 변호사만이 아니다. 이것이 내가 변호사를 하면서도 굳이 N잡을 하고자 하는 이유다.

그토록 꿈꿔 온 저녁이 있는 삶

고마운 아내, 행복한 결혼 생활

로펌에 다닐 때 내 옆방을 쓰던 선배가 떠오른다. 저녁마다 일정한 시간이 되면 가족들과 영상통화를 하며 "아빠는 일 때문에 오늘도 일찍 못 가, 먼저 자"라고 말하던 선배. 그 말을 하는 선배의 목소리에 안타까움과 미안함이 묻어났고, 그걸 듣는 나도 같이 숙연해졌다.

생각해 보면 나 역시 가족이나 친구를 만날 여유 시간이 별로 없었다. 월요일에서 목요일은 저녁을 반납해야 했고, 금요일엔 그나마 칼퇴를 했지만 주말 중 하루는 저녁까지 근무하곤 했다. 이런 저항선도 급한 일이 터지면 무너지기 십상이었다.

퇴사 몇 달 전에 지금의 아내를 만났다. 그리고 오래지 않아 결혼을 결심했다. 당시 이미 퇴사를 마음먹었던 터라 아내에게도 미래 계획을 솔직하게 털어놓았다. 적지 않은 나이에 결혼을 얘기하는 사람의 말치고는 무책임하게 들렸을 수도 있다. 겉으로는 아무렇지 않은 척했지만 주위 사람들이 내 퇴사에 대해 걱정하며 떠드는 얘기에 내심 불안했을 것이다.

그렇지만 결혼에 대해 얘기를 나누며 우리 둘 다 일만큼이나 가정을 중요시하는 것을 알았다. 내가 로펌에 계속 다닌다면 안정적이고 풍족하게 살겠지만, 우리가 원하는 가정생활을 영위하기는 어려울 것이라는 생각이 들었다. 그래서 나는 결혼을 앞두고 있었음에도 무모하게 퇴사를 감행했다. 아내는 그런 나를 변함없이 응원했다. 내 선택을 존중해 주는 아내를 만난 건 정말 행운이었다.

신혼집을 얻어야 하는데 집값이 만만치 않았다. 로펌에 남아 있었다면 3억 원쯤은 신용 대출이 가능해 어떻게든 집을 구할 수 있었겠지만, 퇴사를 한 마당에 대출은 어림도 없었다. 어떻게 해야 하나 현실적인 고민에 빠졌다.

신혼집을 생각하면 깔끔하게 지어진 신도시 아파트 단지에서의 생활이 먼저 떠올랐다. 그러다 문득 '지금 나 혼자 살고 있는 서촌, 여기서는 왜 안 돼?'라는 생각이 들었다. 나는 서촌을 사랑했고 아내 또한 이 동네를 좋아했다. 그래서 서촌 동네를 돌아다니며 집을 알아본 끝에 지금의 신혼집을 구했다. 서촌 깊숙이 자리한 신혼집 거실에서는 아름다운 마을 풍경은 물론 멀리 청와대와 북악산까지 보이고, 테라스에 나가면 인왕산과 계곡도 볼 수 있다. 가히 뷰 맛집이다. 엘리베이터가 없지만 그 덕에 매일 계단을 오르내리며 운동도 하고, 구조가 특이해서 그에 맞춰 집 꾸미는 재미도 있다. 산 근처라 가끔 벌레가 출몰할 때도 있지만, 불편함을 너그럽게 감수하고 가진 것에 만족한다면 우리는 여기서 누구보다도 풍요로운 신혼 생활을 누릴 수 있을 것이라 믿는다.

솔직히 말하면, 아파트를 매매해 몇 년 새 집값이 수억이 올랐다는 소리를 들으면 부럽기도 했다. 그 시세 차익을 일해서 벌려면 몇 년, 몇 십 년이 걸릴 수도 있으니까 말이다. 하지만 단순히 투자 가치 때문에 굳이 무리하고 싶지 않았다. 지금 당장 신도시의 아파트를 매매해 집값이 오르는 투자 효과는 없겠지만, 아내와 내가 사랑하는 곳에서 낭만적인 신혼 생활을 보내는 것 역시 내 시간과 경험에게 주는 좋은 투자가 아닐까.

이처럼 시선을 달리해 생각하다 보니 부러움과 배 아픔은 자연스레 사라졌다.

일과 가정, 모두를 지키기 위해

사무실은 광화문에 있다. 서촌과 멀지 않은 거리라 날씨가 좋으면 유유히 걸어서 출퇴근한다. 거리는 가깝지만 풍경은 너무 다르다. 광화문의 넓은 광장과 고층 건물에서 서촌의 오래되고 아기자기한 가게나 한옥까지. 이런 풍경처럼 나에게 일과 가정은 분리돼 있다.

일할 때는 최대한 효율적으로 일하되, 그 외 시간까지 저당 잡히면서 과도하게 일하진 않는다. 급하게 처리해야 하는 일이 아니라면 웬만하면 저녁은 아내와 함께 보낸다. 애초에 내 마음대로 사건 수와 업무량을 조절할 수 있기 때문에 가정에 소홀해질 만큼은 일을 받지 않는다. 퇴근 후 아내와 같이 저녁을 먹으면서 소소한 얘기를 나누고 창밖 풍경을 바라보며 나를 충전한다. 내가 꿈꿔 왔던 대로 그야말로 저녁이 있는 삶을 살고 있다. 열심히 일하며 다른 사람들을 돕고 내 능력을 인정받는 시간도 행복하지만, 집에서 아내와 같이 보내는 소소한 시간 역시 매우 소중하다. 다른 하나를 위해 어느 하나를 포기하는 일은 있을 수 없다.

변호사이기 전에 행복 추구권을 가진 한 명의 시민으로서, 아내를 사랑하는 한 명의 남편으로서 개인의 행복과 가정의 평화를 지키기 위해 나는 지금의 생활을 지켜 나갈 것이다.

스스로 만족하는
자유로운 삶을 향해

꿈을 강권하는 사회

로펌에 다닐 때 선배들이 종종 진지하고 비장한 표정으로 삶의 목표를 묻곤 했다. 행복하게 사는 거라고 답하면, 마땅치 않아 하면서 다른 성취 지향적인 목표는 없냐고 계속 물었다. 행복은 삶의 목표가 될 수 없는 것일까. 나는 선배들의 물음에 딱히 대답하지 못했다.

사회에서는 계속해서 청년들에게 꿈을 묻고 목표를 좇으라고 강권한다. 가히 꿈과 목표에 미쳐 있는 사회라 할 수 있다. 왜 자꾸 꿈을 가지라고 말할까? 그들이 말하는 꿈은 대체 뭘까? 혹시 본인들이 꿈을 향해 달려왔지만 그다지 행복하지 않왔기에 억울해서 다른 사람들도 그렇게 만들려는 물귀신 작전은 아닐까?

나는 자의식이 강한 편이다. 어릴 적부터 공부를 곧잘 해서 부모님과 선생님으로부터 칭찬을 많이 받았고, 서울대생이라는 엘리트 의식은 내 자아의 중요한 부분을 차지했다. 이에 그치지 않고 자아를 더욱 살찌우기 위해 계속 먹잇감을 포획하려고 노력했다. 변호사가 되고 대형 로펌에 입사하며 자아는 점점 더 비대해졌다.

결코 만족하거나 멈출 줄 몰랐다. 나는 다른 사람들보다 우위에 서야만 직성이 풀렸다. 강한 자의식 덕분에 내가 하는 분야에서 많은 것을 성취했지만, 돌이켜 보면 행복감은 그만큼 크게 느끼지 못했던 것 같다. 남들과 나를 철저히 구분하고 비교했기에 타인을 이해하고 배려하는 진정한 소통은 알지 못했다. 뭐가 잘못됐는지도 모른 채 달리면서 자아는 커졌지만 나는 더 고립되고 외로워졌다.

그러던 중 우연히 〈법륜스님의 즉문즉설〉을 봤다. 꿈이 없어서 고민이라는 사연이었는데 스님은 단호하게 꿈이 없는 건 전혀 문제가 아니라고 말했다. 꿈은 쓰잘머리 없다고. 그냥 하루하루 노동을 하고 돈을 벌어 밥을 먹고 생활하면 된다고. 꿈에 미치라는 말로 도배된 사회에서 그런 얘기를 처음 들은 나는 적잖이 충격을 받았다.

스님 말의 속뜻처럼 우리가 원하는 꿈과 목표 같은 것은 어쩌면 자아가 스스로를 살찌우기 위해 만들어 낸 허상일 수도 있다. 많은 사람이 끊임없이 자신이 갖지 못한 것을 욕망한다. 부자가 돼서 한강이 보이는 넓은 아파트에 살아야 하고 수입차를 끌어야 한다. 비싼 명품 옷을 입어야 하고 비싼 시계도 차야 한다. 고급 레스토랑에서 스테이크도 썰어야 하고 고급 와인도 마셔야 한다. 그런 생활을 누릴 수 있다면 완벽한 삶이라 생각한다. 하지만 설사 그렇게 된다 하더라도 또 다른 욕심과 탐욕이 생길 것이다.

그러니 자신이 추구하는 것이 자아가 만들어 낸 허상은 아닌지 한 번쯤 의심해 보는 것은 어떨까. 마음속에 있는 불필요한 집착을 버리고 진짜 자유로운 삶을 사는 것이 더 낫지 않을까. 내가 비트코인 투자로 1억을 잃고 나서 깨달았던 것처럼 말이다.

거창한 목표나 야망은 없지만요

그래서 나는 더 이상 자아를 키워 줄, 내가 진정으로 원하지 않는 허황된 성취를 좇지 않기로 했다. 계속 그랬다면 대형 로펌 변호사라는 타이틀을 지키며 고액 연봉을 받고 성공하기 위해 더 치열하게 살았을 것이다. 하지만 나는 내가 어렵게 쌓아 올린 것을 다 놓았다. 개업을 한 지금도 수십 명의 직원을 거느린 법무법인으로 키운다든지, 어떤 분야의 일류 변호사가 되겠다는 목표를 만들지 않는다. 이제 거창한 목표나 야망은 필요 없다.

그럼에도 소박한 바람이 있다면 지금처럼 내 방식대로 일하면서 의뢰인을 돕고 보람을 느끼는 것, 그리고 개업 변호사 중에 나 같은 사례도 있다는 것을 보여 줌으로써 이런 변호사들이 좀 더 많아졌으면 하는 것이다. 글 쓰는 일도 계속해서 다른 사람들이 삶을 주체적으로 살아가는 데 조금이나마 도움을 주고 싶다. 또 개인적으로는 가족들과 행복한 추억을 많이 만드는 것을 바란다.

거대한 계획은 없으므로 앞으로 내 삶이 어떻게 나아갈지는 잘 모르겠다. 멀리 가려면 계단 끝을 보려고 하지 말고 바로 위의 계단만 보고 가라는 말처럼, 끝에 뭐가 있는지는 몰라도 순간순간 스스로 흡족함을 느끼면서 심장이 뛰는 방향으로 나아가려고 한다. 나답게 자유로워질 수 있을 때까지.

앞으로의 내 삶은
또 어디로, 어떻게 흘러갈까.
중요한 건 하고 싶은 대로, 내 방식대로
마음껏 나아가는 것.
내 도전은 현재 진행 중이다.

epilogue

각자의 유일한 인생

퇴사 얘기로 시작했으니 그 얘기로 돌아와서…… 퇴사 후 1년 반이 넘은 시점, 지금의 삶을 후회하지 않냐고? 후회는 전혀 없다. 회사의 울타리가 가끔 그리울 때도 있지만 그래도 내 방식대로 헤쳐 나가는 지금이 다른 무엇보다 너무 좋다. 나에게는 이 삶이 꼭 맞는 옷을 입은 것처럼 자연스럽고 편안하다.

세상에는 여러 조언과 많은 길이 있다. 한쪽에선 무조건 회사에 붙어 있지 말고 퇴사하라고 종용하고, 다른 쪽에선 존버가 답이라고 말한다. 그 외에도 '이제는 사이드 잡이 답이다' '아니다, 휴직이다' '월급으로 재태크를 해라' 등 다양한 말이

쏟아져 나온다. 서점의 베스트셀러 제목을 보면 시시각각 바뀌는 트렌드와 해결책을 확인할 수 있다. 읽어 보면 이 말이 맞는 것 같기도 하고, 저 말이 맞는 것 같기도 하고 헷갈린다.

나는 로펌에서 힘들게도 살아 봤고, 백수로 한가롭게도 지내 봤다. 지금은 인디펜던트 워커로 적당히 일하고 있지만 어떻게 사는 게 정답이라고 할 수는 없다. 중요한 건 '어떤 선택을 하는지'가 아니라 '자기 방식대로 하고 있는지'다. 회사에서 자기 방식대로 일하고 있다면 굳이 퇴사할 필요가 없을지도 모른다. 퇴사해서도 자기 방식대로 일하지 못하고 있다면 마냥 좋다고만 할 수도 없을 테다. 아마도 내 이야기를 듣고 '나도 퇴사해서 사업 해야지'라고 생각하는 사람도 있을 것이다. 하지만 나는 이래라저래라 해결책을 제시하려는 게 아니다. 각기 처한 상황은 천차만별이고, 내 이야기가 다른 분야까지 그대로 적용될 리도 만무하다.

삶을 살아가는 데 있어서 사람들은 '무엇을 하느냐'에 주로 초점을 맞추지만, 그것보다도 '어떻게 하느냐'가 상당히 중요하다고 생각한다. 아무리 좋은 것을 하더라도 그 과정에서 자신을 잃으면 쓸모가 없다. 결국 인생은 일이든 생활이든 내 방식이 무엇인지 찾아가는 끊임없는 과정이고, 우리는 그것을 꼭 찾아야만 한다.

사람마다 성향과 기호, 생각과 가치관이 다르기 때문에 살아가는 방식 또한 다를 수밖에 없다. 아무리 예쁜 옷도 어떤 사람에게는 안 어울릴 수 있고, 엄청 이상해 보이는 옷도 어떤 사람에게는 찰떡같이 잘 어울릴 수 있는 것처럼 삶을 살아가는 방식도 옷과 같다. 자신한테 맞는 라이프 스타일이 있을 것이다. 그런데 그건 남이 알려 줄 수 없다. 옷도 많이 입어 본 사람이 잘 입는다고, 하고 싶은 걸 내 마음속에서 살펴보고 직접 행동해 봐야 한다.

자신만의 스타일은 억지로 만드는 게 아니라 자연스럽게 나오는 것이다. 세상이 말하는 획일적인 기준에 따라 사는 것이 아니라, 각자의 기준과 방식으로 삶을 살 때 그의 존재는 빛이 나고 그런 삶은 힘이 들지 않으면서도 힘을 갖게 된다. 남들이 보기에 성공한 삶이 아니라 내가 원하는 대로, 내 스타일대로 사는 삶, 그것이야말로 남부럽지 않은 삶이다. 자신만의 방식을 찾으면 이를 통해 각자의 유일한 인생을 살 수 있을 것이다.

내 식대로 표현하면 '네 법대로 살아라!'라고 할 수 있겠다.

내가 그랬듯이 여러분도 이 책을 통해 자신이 사는 법에 대해 고민해 봤으면 한다.

자, 여러분의 '사는 법'은 무엇인가.

스스로 만족하는

자유로운 삶을 향해

답게 사는 법